あとらす SELECT 001

私の愛した四冊の本

「昭和」の思い出のために

川本卓史
Kawamoto Takashi

西田書店

目次

■本書は雑誌「あとらす」（西田書店）に発表したエッセイ（No・45～48／2022年～2023年）を単行本として収録した。
■刊行に際しては明らかな誤記を訂正した以外は初出どおりとした。

『銀のボンボニエール』――「昭和」への追憶

松平節子と秩父宮妃勢津子

(一)

新型コロナウイルス感染の世界的な拡がりが長く続く中で、多くの人にとって日々のあり様はずいぶん変わりました。在宅勤務が増え、オンラインでのコミュニケーションが当たり前になり、自宅でひとりあるいは家族と過ごす時間が増えました。

私であれば、長い間書棚に「ツンドク」状態で、普段なら手に取らない本を読む機会も出てきました。今回は、そんな風にして読み終えた『銀のボンボニエール』と題する秩父宮妃勢津子の回想記を紹介したいと思います。

本書は「文責主婦の友社」とあり、秩父宮妃の聞き書きをもとに同社が協力して本にしたものです。一九九一年、妃が八二歳のときに出版されました。死去する四年前ですから、ほぼ一代記と呼べるでしょう。英訳もされました。

思いもかけず皇室の一員となった出来事をハイライトに、まず彼女の生きてきた道を本書から要約しておきましょう（以下では、本文の引用以外は敬称・敬語を原則として省略します）。

・旧姓は松平節子。外交官だった父恒雄の長女として一九〇九（明治四二）年、英国ロンドン郊外で生まれる。父は、旧会津藩主松平容保《かたもり》の四男。父の転勤にともない、幼年時代を当時の清国の北京や天津で過ごした。女子学習院に在学中、父が駐米大使に任ぜられ一家で渡米し、ワシントンの名門校フレンド・スクールに在学し、卒業する。

・本書冒頭に白洲正子の名前が出てくる。女子学習院の同級生。おまけに父親同士が親友だったこともあり（白洲の父は樺山愛輔伯爵）、夏休みはいつも御殿場の樺山家の別荘で過ごした。白洲が十四歳で単身アメリカに留学すると、翌年彼女も渡米、同地でも交友を深めた。おまけに樺山愛輔は節子と秩父宮との結婚を仲立ちする使節として訪米し、ワシントンの松平大使公邸を訪問し、ついに説得に成功するという大役を果たす。

・夫となった秩父宮雍仁《やすひと》は大正天皇と貞明皇后の次男。一九〇二（明治三五）年生まれ、昭和天皇は一歳上の兄、現上皇は甥、今上天皇は従孫にあたる。陸軍参謀本部に勤務中、結核を発病、療養生活に入る。アジア太平洋戦争中と戦後も療養に努めるが、まだ結核が不治の病と言われていた時代、手厚い医療と妻の支え・介護も空しく、五十歳で死去する。
・その後の勢津子妃は宮中の公務のほか、社会貢献や国際親善活動に活躍しつつ、赤坂の宮邸にひとりの日々を過ごした。子どもはなく、彼女の逝去とともに秩父宮家は断絶した。

(二)

以下は、二人の結婚が決まるまでを語った彼女の回想から印象に残ったことの幾つかです。

第一にやはり会津についてです。

著者は第一章「英国生まれ」の中に「会津藩」と題する一節をおき、祖父や父について語ります。彼女自身の言葉を借りれば、「祖父はゆえなくして朝敵と呼ばれる身となった人なのです。白虎隊の悲劇をはじめ、若松城(一般には鶴ヶ城)の内外で男に劣らず死力を尽くして戦った非戦闘員の娘子《ろうし》軍も交えた会津戦争は、一ヵ月の攻防戦の後、ついに城内の北追手門に白旗を掲げ、このときから会津藩は苦難と屈辱の日々を送ったのでした」。

祖父容保はいったんは領地の全てを没収される。しかし明治政府は、永禁固の処分を一年足らずで解き、長男容大《かたひろ》を立てて松平家の存立を認めるとともに、陸奥の下北半島の斗南に三万石の領地を与えた。二十八万石から三万石のお国替え。藩士たちは追われるように、ある者は新潟の海から船便で、またある者は奥州路を北に向かって移住していったということです。

その後明治四年の廃藩置県により斗南藩は斗南県となり、藩士たちの移動の自由が認められました。しかし、それまでの「過酷な生活は、お国替えの移住というより、流刑同然であったとか」と著者は語ります。

父恒雄は明治十年生れ、自身は戦争も斗南の日々も経験していません。しかし、幼少時代の三年を会津で「一般の子弟にまじって過ごし、会津の人々の過去の忍苦や痛みをじかに聞き、肌で知ることができたのは、父の精神的な礎石となり、強い郷土愛を植えつけることになったと思います。それは、私ども子供たちの血の中にも、受け継がれるはずのものでした」。

本書ではその後も、例えば第三章「少女時代」の「会津魂」と題する一節で、父の思い出とからんで会津について語ります。それには、高橋たかの存在も大きかった。

たかは、「私が四才のころから私ども兄妹の養育係となり、後には家族同様に両親に信頼された女性です。（略）見るからに素朴で武骨なおばさんタイプで、顔もいかついのですが、私たち兄妹に注いだ愛情は、実の子以上ではなかったかと思います。ですから、叱るときも容赦はしませんでした」。

たかは旧会津藩士の娘で、会津の苦難の日々を、まだ幼い兄や彼女に理解できてもできなくても、折にふれ何かにつけて話してくれた。以下は、学習院に通学を始めた小学生時代の逸話です。

「（通学の）かばんには、教科書などのほかに、アルミニウムのお弁当箱が入っておりました。おかずは決してぜいたくなものではなく、学校から帰りますと、たかがちゃんとお弁当箱の中を調べますので、残すことは決して許されません。ご飯粒が一つか二つ残っていたといって、ひどく叱られたことがありました。

『雪の深い斗南半島に流刑同然に移された会津藩士やその妻や子たちは、草や草の根までも食べ、馬や牛に食べさせる豆腐カスや残飯まで土地の農家でもらって食べたんでございますよ。（略）それをお思いになれば、ご飯一粒たりともお残しになってはなりません』」。

会津の悲劇は、いまの私たちとは直接関わりのない歴史の一齣であるでしょう。しかし人は、他者の苦難の過去を知り、それを思うことで学び、成長していくのではないか、そういう苦難の時代がこれからもないとは言えないのではないかと感じながら私は読みました。

高橋たかについては、著者はもうひとつ印象に残る思い出を語ります。

一九二三（大正十二）年の関東大震災のとき、松平恒雄一家は東京にいた。恒雄は当時欧米局長だった。自宅は一部崩壊し、そのままでは住めないので、「ご近所の皆さんにならって、家の前に置きっぱなしになっていた下水工事用の土管の中で、ヤドカリかカタツムリのように一時しのぎをすることになった」。

そんななかで、たかと二人で震災の跡を見にいった。彼女は、「こんな災害は二度とあってはならないことですが、こういう不幸があったという事実をちゃんと見ておおきになることは、決して無益ではないと存じます。たかが責任を持ってお供いたします」と母に進言した。十四歳の少女が、まだ治安も十分とはいえない時期に、焼け野が原になった街の無残な姿を見にいくという話を母も許してくれた。ただ父には絶対内密にしたそうです。

そして当日、木綿の着物に下駄ばきの目立たない姿で、二人で青山の家を出て、九段から日本橋、上野へと、かなりの強行軍で歩いていった。「途中、遺体はだいたい片づいていましたが、中にはまだ取り残されているのもあり、思わず目をつぶりたいところでしたけれど、たかに促されて二人で手を合わせました。日本橋には人の影もなく、川にはまだ幾つか遺体が浮いていました。そんな悲惨な光景を子供心に刻み付けたのです……」。

彼女は「その夜は、明け方までなかなか眠れませんでした」と語りますが、読んでいて、責任を持って連れ出した「いかつい」旧会津藩士の娘の存在感が迫ってくるところです。夫に相談もせず独断で許した母（旧佐賀藩主鍋島侯爵の四女）には、もちろんたかへの信頼があったでしょう。しかしそれだけではなく、明治の初めという「時代の激動」をくぐり抜けて生きてきた二人の女性がもつ芯の強さが想像できるような気がします。

（三）

第二にアメリカでの学校生活があります。

松平節子が父の赴任に伴い首都ワシントンに暮らしたのは、十五歳からです。学校は市内にある私立フレンド・スクールの高校部。一クラス二十人内外の少人数で、キリスト教クエーカー派の「フレンド精神」に基づく学校です。

当初は英語で苦労する（「英語の時間はテキストではなく、小説を読まされるのです」）日々だったが、「言葉がよくわからないにもかかわらず、学校で一度も不愉快な出来事や疎外感をいだいたことがなかった、国際親善に深い関心を持たれている校長先生夫妻の影響もあって、先生やクラスの皆さんが、外国人に対する理解や思いやりが深く、優しかった」。

節子が語る、アメリカの学校で経験した様々な逸話を幾つか紹介します。

例えば、試験について。試験では七五点以上をとれば合格、以下だとその科目を再度挑戦しなければならない。先生は各人の成績を皆の前で発表するが、彼女はフランス語でぎりぎりの七五点で合格した。すると、クラス全員がいっせいに歓声をあげて「おめでとう、ラッキー!」と拍手喝采をしてくれた。ところが九〇点以上をとった人には誰も手を叩かない。初め彼女は、自分だけからかわれているのかと思った。ところが、

――みんなは私だけに拍手したのではなくて、七五点をとった人にはすべて拍手してみんなで祝福し、本人も「サンキュー!　サンキュー!」と先生に感謝して大喜びするのでした。九〇点以上とることは素晴らしいには違いないけれども、それより何より及第の境目である七五点をとることの方が、より価値のある幸運であり喜びであるという考え方なのです。それでいて、七五点以下の人も恥ずかしいとか気落ちする様子もなく、ほかの生徒もその人たちを軽蔑するなどという気配を微塵も見せませんでした。――

と書いたうえで、こう続けます。

――三年かかって卒業するところを五年かかって卒業しようと、本人も周りも全然気にしないのです。そうした生徒の明るく朗らかな好ましい気風や学風がわかってくると、とても気楽で、その後のフレンド・スクールでの日々は、楽しく懐かしい思い出ばかりです。――

また、学校時代を思い浮かべるたびに「耳の底から、サーカスの楽隊の音色がしだいに近

づいてくるのです」と書き始めて、ある出来事を紹介します。

教室は通りに面する二階にあった。ある日の午後の自習時間、遠くからクラリネットの音色を中心にした楽隊が近づいてきて、生徒の誰もがワクワク・ソワソワしてきた。その様子を見た先生が、「鉛筆をおきなさい」と突然、言った。さあ叱られると覚悟して鉛筆をおくと、先生の言葉は、「十分間だけ時間をあげるから見たい人は往来まで行ってみてもいいし、ここの窓からでもいい」だった。そして彼女は、感想を述べます。

――楽隊が通過して席に戻った生徒たちは、満足しきって以前にも増して静かに自習を始めました。……私は生徒の心理を理解した先生の処置がとても嬉しく、なるほどこういう教育の仕方もあるんだなと子供なりに感心し、日本もこうあってほしいと思ったりもしたものでした。――

授業中にはガムを噛んではいけない決まりになっています。ある授業で先生が、決まりを破る生徒を咎める。その指導の仕方に彼女は感心します。

――私はこの一件で多くを学びました。まず、先生の愛情ある態度です。頭からガミガミ叱ったりお説教をなさらないで、生徒の人格を認めながら自発的に過ちを正させ、それに対する生徒のほうも、黙っていればわからなかった人たちまでが正直に捨てにいった潔さを、素晴らしいと思いました。そして、教室にただようなんとなくユーモラスなほほえましい空気と、先生と生徒の間に通い合う温かさと信頼感……。日本では昔も今もなかなか望めないものが、あの当時から、アメリカの学校にはたっぷりとあったのです。――

何かと感心ばかりする彼女が、周りを感心させたことがありました。テニスの練習の合間にボールを三個投げ上げてお手玉をしたところ、「節子はジャグラー（軽業師）だ！」と大騒ぎになった。その後、何十年も経ってワシントンを再訪したとき、当時を覚えている友人がいて、「あなた、オテダマ今でもできます？」と質問されたそうです。

テニスの思い出も語ります。学校の女子テニス・トーナメントで優勝したことがあった。運よく決勝まで勝ち進むと、相手が「いつ、どこでやるか？」と訊いてくる。当日の日曜日、緊張して試合場に出かけると、相手以外に誰もいない。運よく勝って、翌日登校したときに報告をすませて、立派な優勝カップを頂いた。「カップを外国人にとられたことをとやかく言う人が全くなくて、みんなとても喜んでくれた……。それと、「こういうスコアで勝ちましたと当事者が報告するだけで、カップを授与する学校側と生徒との信頼関係にも心を打たれました」。

（四）

こんな風にしてアメリカでの学校生活を堪能し、本書でも「フレンド・スクール在学三年間は私の青春時代のすべてではなかったかと思うのです」と振り返る彼女には、一九二八年五月の卒業を前に、運命を変える出来事が起きました。

前触れともいえるのは、一九二六年末の大正天皇の死去です。時代は昭和にあらたまりました。そのとき秩父宮は、前年の五月から英国に留学中で、翌二六年十月にはオックスフォード大学に入学したばかりでした。宮は、父の病が篤いことを知って見舞いのため米国経由（当時最短ルートだった）船で帰国することとなり、大西洋を米国に向かう途上で父死去の報を受けました。米国ではワシントンの松平駐米大使の公邸に宿泊、そのとき長女の節子にも（初めてではありませんが）会っています。もっとも公邸に到着した宮に「お汁粉とお寿司をお運びした以外は、母がすべてお仕えしたわけですから、お言葉を交わしたといっても、ほんのわずかな時間でした」。

ちなみに彼は、当初は見舞いのための一時的な帰国で、復学して英国での学びを続ける希望を強くもっていたのですが、兄が天皇となり、自らは皇位継承順位一位（一九三三年の明仁皇太子、現上皇の誕生まで）となったこともあり、実現不可能となりました。

二人がワシントンで会ったとき、いずれ結ばれるとは当人同士知る由もありません。翌年の秋になって、貞明皇太后が最愛の次男の伴侶として松平節子に白羽の矢を立て、樺山愛輔が特使として訪米し大使公邸を訪れたときから、事が動き出します。

一度は両親に丁重に辞退されて帰国した樺山は、皇太后の強い意向を受けて再度訪米し説得します。当初頑なだった父もついに折れ、次いで樺山は節子本人の説得に当たり、母は彼の疲労をみかねて最後の切り札として高橋たかに説得を頼みました。本書はこの場面をこう語ります。

――……たかは、突然、ぽろぽろと大粒の涙を流しておりましたが、しばらくしてそれをぬぐうと申しました、「皆さま、会津魂をお持ちでございます」。

たかの口から「会津」と聞きました瞬間……私の心の中から、何とも知れぬ強い力がすっくと立ち上がったのを感じ、やがてそれは「皇太后さまのご意志をお受けしよう」という決意になっておりました。このとき、「会津」の二字が、垂れ込めていた黒い雲の間から射し込む光のように私の行くべき道を照らし出してくれたことは事実でした。――

そうはいっても節子は、決意した夜は一晩中泣き明かしたそうです。そしてこう続けます。

――運命が決まった以上は、今を考え、今に最善を尽くそうという考えのもとに、私は学業に励みました。卒業式は半年後の五月でした。卒業後は大学で理科系統の勉強をしたい、父の任期が終わっても自分だけアメリカに残って勉強したいという考えは捨てましたが、それならばいっそう残りの学生生活を大切にして励みたいと思いました。――

卒業の翌月三年ぶりに一家で帰国し、九月の結婚まで三か月少し。皇太后に毎日会って「お妃教育」を受けます。「姿勢が第一なのです」「じっと立っている侍立のときは、長時間に及ぶ場合でも微動だにしてはならないのです」。真剣に身につけるように心掛けたが、「なかなか思うようにできなくて、人知れず涙したことも何度かございました」。

七月には四日間会津に帰省もした。祖先の墓所へ参るほかに、「会津の復権がなったと泣いて喜んでくださる人々にお別れをする意味も」ある旅であり、四十万の大歓迎にあって、「私が皇室に上がることで、これほどまでに会津の人々が喜ぶのであれば、どのような苦労があっても耐えて、皇太后さまのお心にかなうように努力せねばならぬと決意を新たにいたしたことでした」。

本家の松平保男子爵の姪として入籍もしました。旧皇室典範には、皇族の結婚の対象となるのは、皇族か華族であることとされているため、平民である父恒雄の長女だけでは典範に違反するための措置です。九月十七日には、節子の名を勢津子に改名しました。皇太后の名が「節子」であり、呼び名は「さだこ」と異なるものの同名を避けたためでした。

婚儀は同月二八日です。父母の家で過ごす最後の夜、親しい人たちや長年松平家に仕えた人たちも交えて、お別れの祝宴が開かれました。たかの日記を引用しましょう。

――「……家令、書生、女中、たか、一律平等に招かれた。殿様は、『きょうは無礼講だ』とおっしゃる。……午後六時を過ぎ、初秋の夕暗がひたひたと松濤のお邸をつつむ。

会津落城の悲しみを胸に抱く人々に、このよろこびをとがめることは誰にも出来ない。たかは生まれて踊りたることなかりしも、この涙ぐましい感激に押し出され、手の振り足のはこびも知らず、つい踊りの輪の中に涙とともに踊った。

勢津子様はと見やれば、たかの踊る姿にかすかにほほえまれたもう。勢津子様には今宵限りのお邸、招かれたる人々とはお別れになるお名残の一夜なり……」――

かくて二六歳と十九歳の新夫婦が誕生し、松平節子は秩父宮妃勢津子として、夫との新しい人生に踏み出しました。それは、日本が無謀な戦争にのめりこんでいく道と並行して進んでいきました。

秩父宮夫妻と戦争

（一）

妃殿下と呼ばれるようになった勢津子にとって、勝手のわからぬ暮らしは苦労も戸惑いもあり、失敗もありました。青春時代の三年をアメリカで過ごしてすぐ、「日本の一般の生活常識も知らないままで皇室に」上がった、そんな彼女を支えたのは貞明皇太后でした。

本書の題名となる「銀のボンボニエール」は二人への皇太后からの贈り物のことです。ボンボニエールとはボンボン入れで、中には金平糖が入っている。皇室では何かお祝い事の記念品として贈るのが慣例になっているそうですが、皇太后が自身でデザインをして、二人は手ずから受け取った。全長六センチほどで鼓の形をしており、鼓を締めるひもはローズピンクで、胴の部分には宮の印である若松と星の模様が小さく幾つも浮き彫りされている。勢津子はこのデザインを、ローズ色は英国の国の色であり、星は星条旗、つまり米国を意味し、「英国で勉強あそばした宮さまと、米国でいくらか勉強いたしました私とが、それぞれご縁のある英国と米国との親善に一生務めるようにという、皇太后さまの深いおぼしめしが込められているのでした」と理解します。

そして、悲しい思いでいるときの何より心の慰めや励ましになった、あわせて夫も、「……失敗があっても気にしないように。（略）そのうちにだんだんわかってくるのだから」と慰めてくれた、と語ります。

ここで秩父宮本人について触れると、彼は一九四〇年に療養生活に入るまでは、皇族と現役の軍人の二つの役割を律儀に果たしました。結婚後三か月で陸軍大学校に入学するが、それまでに学習院中等部から陸軍幼年学校、士官学校で学び、卒業後は少尉さらに中尉に任官、この間、英国でも学びました。陸軍軍人への道は本人の意思とは無関係に決められました。親王は陸海軍のいずれかに進んで軍人として育ち、天皇を補佐するというのが明治天皇の願いであり、そのことは明治四三年の「皇族身分令」で明記されたのです。

以下は、妻が語る、結婚してからの、そしてまだ元気だったころの夫の姿です。

第一に、彼は常に真摯に物事に取り組んだ。三年間の陸大時代は、学生とはいえ、忙しい日々だった。陸大は宿題がほとんど毎日のように出る、他方で彼は皇族の一員としての公務がある。大使館でのパーティを終えて帰宅してから宿題にとりかかる、その両方を手抜きせずにこなすため、時に深夜から徹夜になったこともあった。あるとき、あまり無理をすると躰にさわるのではと心配して勢津子が進言したところ、彼は「学友たちには、小さい赤ん坊が泣いたりしている生活環境の中で勉強している者もたくさんいる。自分などこうして森閑とした広いところで勉強しているのだから、頑張らなくてはね」と、逆になだめるように答えたこともあった。そんな猛勉強の成果があったか、成績優秀者の一人として卒業し、歩兵第三連隊の中隊長となります。ちなみに彼が陸大三年のときには満州事変が起きました。

その後、三年の参謀本部勤務を経て、一九三五（昭和十）年、青森県弘前へ大隊長・中佐として赴任し、翌年末には再び参謀本部に戻り、戦争指導課に配属された。当時の課長は石原莞爾。弘前時代には二・二六事件が発生し、宮も急遽上京し、天皇にも会い、事態収拾について自らの意見を進言したりもします。

二度目の参謀本部時代は、日中戦争が起き、拡大し、日本が戦争へと傾斜していく渦中にいて、激務の日々だった。本部での「不健康な環境で」の「夜を更かして」の勤務も多く、満州への長期出張、軍艦「由良」の艦橋に徹夜で立っての戦況視察などもあり、それらに全力で取り組み、「生一本な、純粋で強い方だった」と妻は振り返り、悔いの気持ちもこめてこう語ります。「そうしたご性格のために、ご健康に問題があったこの当時はもとより、陸大やそれ以前からもお体を酷使されて、ついに再びお立ち上がりもなることができないご病気につながっていったのでした」。

しかも、この時期、精神的にも悩みは深かっただろうと推測します。「と申しますのも、日支事変をどうすれば少しでも不拡大のうちに終結させることができるかというのが、軍事上においても政治や外交の上でも論争されているそのころ、対英強硬策をとるべしとの考えが軍の中でもあったからでした。日英協会の名誉総裁でいらっしゃる宮さまは、直接、英国や米国についてよくご存じですから、英米と友邦関係を断つことは、結局、日本を滅ぼすことになるというお考えだったのです。また、この大事なとき、陸軍と海軍との協調がうまくいっていないことにもお悩みになっておいでだったようです」。

第二に特徴的なのは、他者に対する意識と姿勢です。身分からすれば自分より目下の人間がすべてと言ってもよい。しかし軍という組織体のなかでは、自らに対する特別扱いを嫌い、上司は上司、同僚は同僚として接する、自分のことは自分で処理するという姿勢を常に守った。

と同時に、弱者に対する目配りも忘れなかった。その気持ちは、皇族としての自分の育ちが、貧しい初年兵たちのそれに比べてあまりに隔たりがあることをすまないと思う気持ちから来ているだろう、と勢津子は推測します。だからこそ、演習中の兵たちには一時間の休憩を与えても、自分は腰をおろさなかったり、真冬の夜の渡河戦の演習に先頭をきって泥水の川へ飛び込んだりといった過酷さを、まず自らに課したのであろう、とも。

そして、「他の部員と同じようにおそくまで奥の薄暗い部屋で端然として勤務」し、書き上げた書類をとじる「紙縒《こよ》り」が苦手で、ぎこちない手つきで作ろうとする姿を思い出して綴る、参謀本部の同僚の回顧に、「嬉しく、お懐かしく、そして愛《かな》しく思いました」と語ります。

このように、たとえ軍隊という特殊な場所に限られていたとはいえ、皇室のメンバーでありつつも、学業を終えたのち実社会での勤務を長く経験しました。その中で、生身の人間（例えば、「貧しい初年兵たち」）に直接触れ合う機会もあり、ときに社会の矛盾を感じることもあったでしょう。陸大入学時に提出を要求された論文には、国民が貧苦にあえいでいる現状を具体的に記述し、国民がおかれている状況について、貧富の格差や利己的政治家の存在と並んで「無理解かつ消極的のみなる思想取締り」も問題として指摘しました。

（二）

この時期、そうは言っても二人にも楽しい日々があったということも触れておきます。本書第八章は「ふたりの日々」と題され、一緒に秩父の山々を登った、弘前で暮らした、そして英国に出かけた、三つの出来事を特筆します。

まず、秩父宮のスポーツ好きはよく知られています。山登りは彼にとって、精神的な自由と解放の安らぎの場であり、鍛錬の場でもあったと妻は考え、結婚前の英国留学中にスイスのマッターホルンに登頂したこと、日本では北アルプスはもとより、方々の山を登った、時には自分も一緒に登ることもあり、「必死でした」。また見るスポーツではラグビーをとくに好んだ。

弘前赴任は、「自分から寒い土地をと進んで志願」した。その背景には、歩兵第三連隊時代に新兵の教育にあたった経験も影響していると彼女は推測します。初年兵を預かる責任上、彼らの気の毒な出身や生活ぶりを聞く機会もあり、東北の寒い土地の厳しさを自分でも味わってみたいという気持ちがあったのではないか、と。

しかしまた、弘前での生活を楽しく振り返り、いちばん気楽な時期だったのではないかとも語ります。皇室行事に参加する必要がなく、多忙とはいえ現場の軍務に集中すればよく、地方での生活をのんびりと楽しむ時間もあり、土地の人々とのふれあいにも心を和ませた、それは勢津子自身も同じだった。住まいのすぐ裏はたんぼが続き、「農作業をする人々の様子がよく見え、窓の向こうに穂を出す前の青い稲が風に波打って」いる。彼は、田植えから稲刈り、脱穀までの一部始終を一年がかりで十六ミリカメラで撮影したりした。遅い雪国の春、弘前公園の桜、岩木山でのわらび狩り、夏のねぶた祭りなども楽しんだ。

「弘前での一年半が、せめて予定どおりあと半年つづいていたら、宮さまのご健康にもよかったのではないかと思わずにはいられません」とは彼女の言葉ですが、宮内省から「英国へ妃同伴被差遣」の通知が来て、急遽参謀本部への転勤となりました。

英国行き自体は、二人にとって思い出に残るものでした。目的は一九三七年五月の同国ジョージ六世の戴冠式に天皇皇后の名代として出席することでした。夫にとっては懐かしい留学の地であり、オックスフォード大学を再訪する機会もありました。妻にとっては生まれてすぐ八か月を過ごした土地です。

何よりも二人が感激したのは、英国側の歓待ぶりでした。国王の戴冠式で、二人は常に各国代表のトップの席次だった。「ウェストミンスター寺院へ向かう馬車のパレードでも、儀式の席でも、いつも日本が先頭なのです」。バッキンガム宮殿での晩餐会では、秩父宮が女王の手を取って自分はその右の席に、勢津子妃は皇弟グロースター公に手をとられて、国王の左の席に着いた。「英国は、日本の皇室を最も重要な賓客として遇されたのです」。

しかも、この間の日本は、満州を制圧し、満州帝国を成立させ、国際連盟からもロンドン海軍軍縮条約からも脱退し、前年の一九三六年にはドイツと防共協定を結びました。二人が戴冠式出席を終えてまだ英国滞在中の七月七日には、日中戦争の始まりを告げる盧溝橋事件が起こりました。「そうしたときだけに、英王室のご好意は、ほんとうに身にしみました」、とは勢津子の言です。そして、秩父宮が陸軍からの要請でドイツにも行き、ヒトラー総統に会った。しかし好印象を持たなかったようで、総統の発言に強く反論したという逸話についても触れています。

(三)

本書第九章、第十章はそれぞれ「開戦まで」「御殿場御用邸」と題され、秩父宮の最期までの日々になります。

妻とともに七か月の旅を終えて一九三七年十月に帰国した秩父宮は、ロンドンで引いた風邪からくる咳がとれぬ中、参謀本部での勤務と皇室関係公務とに専念した。

この時期、長引く日中戦争への対応をめぐって参謀本部内でも意見が対立し、大佐として不拡大方針を強く主張する彼の心労は絶えなかった。三八歳になった四十年六月、公務のため伊勢神宮等に参拝し、帰京した直後に発熱、その後も高熱がとれず、八月に入ってついに「肺結核」と診断され、徹底した療養に入るよう医師団から強く告げられた。長い闘病生活の始まりである。

四一年十二月八日、日本の米英両国への開戦の報が、療養中の御殿場御用邸に届いた。報告を受けた彼は、ただ頷いただけだったという。「国力を無視した戦争。しかも、英国王室をはじめあまりにも多くのよき友や師を英国にお持ちの宮さま。開戦後の一時期、宮さまはお口数が少なくなられ、特に戦争に関しては一切、口をつぐまれました。安静時間以外のときも、富士山をじっと、いつまでも眺められたり、ご書斎に音もなくおこもりになっておられました」。

親しく付き合った英米の友人たちとの別れもありました。グルー駐日アメリカ大使夫妻が交換船で母国に帰されることになり、勢津子は父の後輩にあたる外務省北米課長に頼んで、メッセージと記念の品を届けて貰います。アメリカ大使館で大使夫妻が、「心から感謝いたします」と言ったきり流れる涙のためしばらく顔を上げられなかったことを彼女は知りました。

秩父宮のところへは、高松宮・三笠宮の二人の弟をはじめ、見舞客も多く、外の空気を伝えてくれました。この時期、宮はラジオや新聞の報道に興味を持たなかったが、それはそれらが真実から遠いことを知っていたからだ、と彼女は言います。そして「日本の敗戦の糸口となる一九四二年六月のミッドウェイ海戦にしても、むろん真実は報じられておりません。（海軍）軍令部においでの高松宮さまは、この時点で早くも戦争終結を急がなければいけないというお考えだったのです」。そして、高松宮はたびたび御殿場を訪れたほか、手紙や電話で連絡をとっていたので、夫は戦況の推移や真相はすべて知っていただろう、と推測します。

しかし戦局はますます悪化し、ついには空襲に怯える日々が始まり、四五年五月の東京大空襲では、皇居も宮邸も焼けました。

勢津子は夫を介護しながら、毎日菜園に出て、モンペに麦わら帽子の農婦姿で、野菜作りに精を出しました。八月十五日の敗戦の日を二人は御殿場で迎えました。高松宮夫妻もやってきて、一緒に療養室で終戦を告げる兄の玉音放送を聞きました。

(四)

戦後の御殿場時代、彼が理想としたのは、英国風「カントリー・ライフ」だった。菜園は戦争中からやっていたが、規模を広げ、五百坪の広さの「秩父宮農場」と呼ばれ、食糧だけは自給自足できるように考えた。農業だけでなく、養鶏もやり、山羊や乳牛まで飼育し、「一農家として、さつまいもや小麦の供出もいたしました」。

宮自身も、体調のよいときは軽い作業を手伝い、実体験をした。自給のじゃがいもや玉蜀黍で、多くの客をもてなした。立派な作物ができるとまず母である皇太后に贈り、喜んでもらえたので張り合いがあった。

――何事によらず、家じゅうで明るく楽しくというのが宮さまのご方針でしたから、たとえば役牛の「富士栄号」という名前は、邸内全員の命名コンクールによるものでした。小鳥の巣箱なども、職員みんなに工夫して作らせまして、めいめい邸内の好きなところに掛けさせ、うまく小鳥が居ついたものが一等賞ということになるのでした――。

宮の体調は一進一退が続き、たまに公務で上京できるときもあったが、多くは勢津子が代理としてひとりで出かけ、「いつも汽車でした」。老女一人を供にして御殿場線と東海道線を乗り継いで「三等車でまいりました」。モンペ姿で目立たないようにしていて、汽車の中はいい勉強になったと語る彼女です。「……昔の皇族方がいわゆる世情に通じないといわれるのは、そういう機会がなかったからではないでしょうか。買い出し列車の中で、隣席で赤ん坊に授乳中の母親に止まりそうなハエを私が追いつづけていた、という話が伝わっているようです。私自身は詳しくは思い出せませんが、そういうこともあっただろうと思います」。

秩父宮が死去したのは一九五三（昭和二七）年一月である。たびたびの手術も成功しなかった。しかし一時的にせよ回復することもあった。この年は上京する機会も多く、指導をうけて陶器制作も始め、今後の公務への参加も期待してか「新しいブラックタイを注文になられました」。九月には、オックスフォード大学のラグビーチームが来日し、日本の各大学との試合があり、妻同伴で見に行き、試合後の皇太子臨席のパーティにも参加した。十月には天皇の第四皇女の結婚式に、十一月には皇太子の立太子の礼に出席した。しかしやはり過労もあったのか、十二月に入ると高熱が続き、予定されていた四回目の手術は延期となったまま、翌年一月四日に逝去した。

手帳に書いた遺言があった。「僕は五十年の生涯をかえりみて、唯感謝あるのみ。特殊な地位に生まれたと云ふだけで限りない恵まれた一生を終へたと云ふ以外にない。平々凡々たる一人の人間だが。殊に最後の十年は、我民族として国家として歴史上未曾有の難局と困苦の間にあったが、此の間を静かに療養の生活を送れたことは、幾多の同病の人が筆舌に尽くし得ない欠乏の中に此の世を去って行ったのに比し、余りにも恵まれ過ぎてゐたと云ふの外ない。何も我民族の為になることもせず、引いては世界人類の為にも役に立たなかった此の体の最後を、少しでも意義あらしめる為に、勢津子さへ反対しないならば、解剖に附してもらいたい」とあった。同時に、「火葬にすること」「葬儀はできるだけ簡素に」「若し許されるならば、如何なる宗教の形式にもならないものとしたい」との希望が述べられていた。

残された彼女が第一にしなければならないのはこの遺言を実行することだった。葬儀は皇室伝統の神式にはなった。しかし、「……一般会葬者のために、お別れの時間を設けたこと、その間に宮内庁楽部員によるベートーベンの「告別」や、チャイコフスキーの「アンダンテ・カンタービレ」などの演奏が流されたこと。これらはいずれも従来の慣習からすれば、破格のことだったと申せましょうが、宮さまのご意志に、いくらかでも添うことになったと思っております」。

その後には独りになった悲しみと向かい合う日々がやってきました。その頃の心境を、「人に知られずさわがれず宮さまのおそばへ行くすべはないものか、と思案したこともございました」と語り、その思いを「人しれず君が御側《みそば》にゆくすべのあらばとぞおもふ夜半《よは》にめざめて」と歌にしました。

十余年をともに暮らした御殿場の別邸に戻り、「富士山は近々と青く美しく、変わらず雄々しく迎えてくれました」と感じる彼女は、夫を思う歌を次々に詠みました。「おもひ出の庭よやかたよ声あらばなれもなくらむ霊《みたま》むかえて」、そして「草も木も芽ぶき花さき春めけどわが君のみはかへりきまさず」。

また、楽しかった日々を振り返って、「富士見ても君をぞおもふ窓ちかく小鳥きくにも君をぞおもふ」、そして「思い出はこよなくたのし山に海に外つ国にさへ連れ立ちし日の」とも。

その後、「一時は魂の抜け殻のようになっておりました私が、少しずつ立ち直って、ひとりで生きて」いきます。周りの励ましに加えて、果たすべきさまざまな公務があったことが彼女を支えます。皇室行事のほか、夫を奪った宿痾と戦う結核予防会総裁の仕事に力を入れ、日英協会名誉総裁をはじめ四回の英国訪問などの国際親善活動などにも忙しい時間を送りつつ、余暇には薔薇を育て、穏やかな日々を送りました。

秩父宮雍仁について補足する

（一）

昭和史についての著述の多いノンフィクション作家保阪正康に『秩父宮 昭和天皇弟宮の生涯』（中公文庫、二〇〇〇年）があります。豊富な参考資料のほか、陸軍士官学校の同期生をはじめ八十人以上に直接会って取材した記録をもとに七百頁を超える力作です。

本章は主に本書が語る、秩父宮の人柄やアジア太平洋戦争時の言動などを取り上げます。まず保阪は、幸運なことに秩父宮夫妻の間には愛情が芽生えた、と指摘します。これには勢津子自身の人柄も影響したでしょう。療養中の秩父宮は、見舞客に対して、「私の身体はこの人でもっているんですよ」とよく語ったという。また後年のことですが、一九五三年に当時の宮内庁長官が首相の吉田茂と皇太子（現上皇のこと）妃の候補をめぐって雑談したさい、長官が「秩父宮妃のような方」と言ったのに対して、吉田が「あんな人は例外的存在でなかなかいない」と答えたそうです（原武史が『皇后考』（講談社学術文庫）の中で紹介している）。

秩父宮自身も魅力的な人物だったようです。保阪は本書で、結婚したころの彼の国民的人気について触れています。「新聞や雑誌ではヒーロー扱いされていた。英国帰りのスマートな、陸軍軍人としての剛直さと庶民的なふるまいをそなえた、スポーツ好きで誰にも好印象を与える、そういうプリンス像が、連日のように掲載された」と書き、作家の安岡章太郎の「今上天皇にくらべて、秩父宮には自由で闊達な印象があった」という言葉も紹介しています。一九三一年には、山田耕筰作曲、北原白秋作詞の、「みんなの宮さま、タラララッタター」で終わる、彼を称える軽快なマーチ風の歌まで作られラジオで何度も流された。

スポーツについては、やるのは登山、見るのはラグビーをもっとも好んだ。ラグビーは目が悪いため自分でやることはなかったが、一度だけ試合に出たことがあった。歩兵連隊のチームを速成でつくり東大チームに挑戦したのである。後者の圧勝だった。取材した保阪は、「試合がはじまってしまえば、殿下であろうと、ボールをもてば押したり、ひっぱったりしました。もし殿下だというのでてぬるくしたら、そのほうが失礼にあたります。それがラグビー精神というものです」という当時の東大メンバーの言葉を紹介している。

しかしこのような世間の評判そのものは、本人にとってむしろ負担だったかもしれません。第一次世界大戦後の平和主義と軍縮ムードにも影響されて、当時の陸軍は国民の人気がなかった。自らのイメージを刷新する必要に迫られた陸軍は、そうした宮の人気をさっそくキャンペーンに利用しはじめたと、著者は本書で指摘します。また、宮自身はこの歌を気に入っていなかったとも書きます。

しかも、この時期兄である後の昭和天皇との関係には微妙なものがありました。この問題について勢津子が言及することはありませんが、保阪・原両氏ともに詳述しています。

まずは、貞明皇太后が次男である秩父宮の気性を好み、溺愛したこと、さらに大正天皇の後を継いだ新天皇のところになかなか男子が生まれなかったという事情がありました。一九三一年に四人目の皇女が生まれたころには、皇位をいずれ秩父宮に譲るのではないか、その黒幕は母親ではないかという噂まで流れた。幸いに三三年に初めての男子（現上皇）が誕生し、噂は消えた。

しかしこの時期、国家改造計画を提唱する青年将校や右翼活動家による軍部独裁政権樹立を企てる事件が発生し、のちの二・二六事件に繋がっていきますが、その中には、本人の意図とは無関係に、秩父宮を擁立する動きさえありました。

三五年の弘前への転勤に当たって、前述のように勢津子は夫自身の希望であったと述べます。保阪はそれも一つの可能性としつつ、陸軍内部で宮と改革派の青年将校との接触を嫌う動きや、さらには宮の存在を警戒する重臣たちの懸念があったなど幾つかの理由もあったかもしれないと推測します。他方で原武史は前掲書で、「弘前に流された背景には、天皇自身の意向があった」と断定しています。

弘前赴任中に起きた二・二六事件をめぐっても、彼の行動や意図について当時から様々な憶測があった。その中には、「反乱軍は秩父宮と御相談の上で決起したのだ」「秩父宮がかわって天皇になられるそうだ」といった噂まで流れた。

しかし保阪はこれらを全くの「フェイクニュース」として否定します。むしろ事件の報を高松宮から受けてただちに上京したのは兄を支えるためであったことを資料や証言から立証します。「あとがき」では、本書を書く目的の一つに「秩父宮を黒幕と考えるような俗説は明確に断ち切っておきたい。それが表立って反論できなかった彼の名誉を守ることだと思う」とまで述べます。

（二）

本書第七章は「戦争に傾斜するなかで」と題して、七八頁にわたって、弘前から戻り、英国訪問し帰国してからの参謀本部での言動について語ります。日中戦争を拡大する動きを防ごうと、「うとまれながら、自らの戦いを始める」姿を力をこめて描きます。

当時、陸軍内部では拡大派と不拡大派との激しい対立があった。前者は、杉山元陸相（敗戦後に自決）、梅津実治郎次官（東京裁判で終身禁固刑）、参謀本部作戦課長の武藤章（同死刑）など。後者は、参謀本部作戦部長の石原莞爾、多田駿次長、秩父宮、宮の陸士同期で親しい友人だった堀場一雄など（堀場には戦後書いた『支那事変戦争指導史』（時事通信社）という著書があり、秩父宮との連携にも触れている。彼には、不拡大の意見が通らず辞表を出して宮に止められたという逸話も残っている）。

徐々に拡大派が優勢となり、石原は関東軍参謀に追いやられ、戦争は拡がり長期化する。しかし不拡大派は譲らず、秩父宮もまたその一人として奮闘した。蔣介石率いる国民政府との和平を強く主張し、駐中国ドイツ大使のトラウトマンによる和平工作（結果は失敗に終わったが）も支援した。

とくに、英国から戻ってから翌一九三八年初めまでは、自分の意見をはっきりと表明し、きわめて政治的な動きまでした。「秩父宮はこの期間に自らの存在を賭けたといえた」。組織を飛び越えて多田次長に直接意見具申し、天皇の最側近である木戸幸一や近衛文麿に会い、ついには天皇に会って自ら介入するよう直言までした。しかし、天皇自身も戦争拡大に懸念を強く持ってはいたが、憲法上からは認められないとして納得しなかった。その生涯において宮が兄ともっとも対立したのはこのときだった、というのが著者の見解です。

日中戦争が泥沼化していくなかで、彼は早期解決すべしとの自らの主張を変えず、激務を続けた。侍医からたびたび療養を勧告されたにも拘らず、皇族としての公務とあわせて、過密スケジュールを重ねた。一九四〇年六月二四日には三八度六分の高熱を押して出勤し、午後九時まで会議に出席した。しかし、これが参謀本部での最後の日となる。翌日の朝、三九度の熱で床から起き上がることが出来ず、正式に肺結核の診断が下され、以後療養生活に入ったのである。

この時期の彼の活動はかつての上司だった石原莞爾の印象によほど強く残ったのでしょう。戦後になってから山形県鶴岡に隠棲していた石原は、訪れてくる元の部下たちに、「秩父宮殿下が疾病に倒れなかったら、大東亜戦争は起こらなかったかもしれない。もし起こったとしても、こういう形にはならなかっただろう」とよく語ったそうです。

さすがに保阪も、「(この言が)すべて当たっているとは思えないが」とししつも、「政策決定までに何等かの紆余曲折はあっただろう」とは書いています。そして、「もし、この期に秩父宮が参謀本部に在籍していたら~」で始まる文章を三か所も入れ、四一年九月七日の日米開戦をめぐる御前会議決定を含めた重要な出来事について、「これらのほとんどに異を唱えたであろう」とも書きます。このように仮定の意見を持ち出す論調には批判もあるでしょう。しかし、秩父宮の、この時期の具体的な動きに絞って言えば、事実に即していると言えます。

（三）

秩父宮が重病らしいという噂は一九四〇年十一月には国民の間にも広まっていた。容態について正式な発表があったのは翌年六月である。しかし、肺結核の事実は伏され「慢性気管支炎」という内容だった。

日米開戦に向けて突き進んでいったその後の動きについて、具体的な情報が宮に入ることはなかった。そんな彼に対して、「この国家危急時に身体をこわして療養しているなんて……」と宮中や陸軍の一部の目は決して暖かくはなかった。

しかし、果敢に直言することもあった。例えば、一九四四年二月、東條首相兼陸相が自ら参謀総長まで兼ねる人事に踏み切ったときには、病床にいてひとり戦い、反対の論を張った。

その中で、弟である高松宮との連絡がいちばん密だった。高松宮は一九四一年のミッドウェイでの敗北以降早期降伏論に傾き、兄が日中戦争でしたように長兄である天皇に意見具申した。保阪は、そのような彼の言動には、兄秩父宮の意思も投影されていたのではないかとし、「二人は息の合った二人三脚で、ときに天皇の意思を先取りするように動いた」と推測します。他方で宮は、英米の雑誌なども引き続き取り寄せ、知的関心を持ち続け、情報収集にも務めた。しかし基本的には、勢津子が書くように富士山を眺めながらあくまでも療養に専念する日々が続いた。

そして敗戦。直後には一時上京したが、最初に会ったのが参謀として一緒に戦った堀場一雄だった。「これからの日本はどうすればよいのか」と質問をしたという。体調が許す限り、デモクラシー教育と言論活動を続けた。

そして保阪は秩父宮の最期を詳細に記述し、とくに遺書については、（ここに）秩父宮の五十年の人生の結論があると言えるだろう、彼はこのような遺書を書くことで死後までも主体的に生きようとした、と評します。

その上で「あとがき」でこんな風に総括します。

「天皇の弟君としての自分と、陸軍軍人としての自分と、さらには英国留学で身につけた近代的感覚をもつ個人としての自分という必ずしも融合しえない自己を抱え込みながら、生きていかねばならなかった。ここに秩父宮の悲劇があった」、「（彼の）思考と行動からは、あの太平洋戦争に納得しているとは思えなかった……」、また「秩父宮夫妻は近代日本の、とくに昭和という時代のある時期の誤りを冷静に見抜いていた知識人として歴史のなかに位置づけなければならないと思う」。

秩父宮を国際協調を重視するリベラリストと捉えたいとする著者の思いが最後まで伝わってきます。等身大の彼が果たしてこの通りの人物だったかについては、異論があるかもしれません。例えば『昭和天皇独白録』（文春文庫、一九九五年）の中で昭和天皇は、秩父・高松の二人の弟について、もう少し醒めた目で語ります。しかし、勢津子妃が本書を共感をもって読んだであろうことは容易に想像できます。

私事ながら―親不孝の記

(一)

昭和史の大きな一幕といえる、この国がアジア太平洋戦争に無謀に突き進み、無惨に敗北し、その後復興していく過程は、私自身の幼年期・青年期と重なります。日本敗北の直前に父が広島で被爆し四二歳で死去したときは六歳でした。三六歳で夫を失った母は戦後を生き抜き、五人の子供を育てました。

それだけに、この時代の歴史には素人なりに関心を持ち続けています。そんな事情もあって、保阪正康による秩父宮の評伝も紹介したいと考えました。しかしここでは再び勢津子妃の回想記に戻って、かつ最後に私事を取り上げることをお許しください。

秩父宮妃勢津子が、白洲正子と生涯の親友だったことは冒頭に紹介しました。『銀のボンボニエール』には、もうひとり女子学習院の同級生が出てきます。学校時代の友が言及されるのはこの二人だけです。白洲の方は本人自身著名な著述家ですが、もう一人は無名の女性であり名前は出てきませんが、同じクラスの仲良しでした。

本書の中でこの女性について言及する場面です。

――（戦争直後、療養中の）宮さまは、精神的にはいつも明るく積極的でいらっしゃいました。東京の焼け跡住まいのとき、私の留守中に、広島から私の友人が参殿いたしたことがありました。広島の原爆で副知事《（ママ）》だったご主人を亡くし、子供五人と川の中へ逃れて助かったその友人に、私が衣類などを送りましたので、お礼かたがた訪ねて見えたのです。宮さまは私に代わってお会いあそばし、「大丈夫ですよ、日本は今に立派に復興しますから、心配しないで安心して子供さんを立派にお育てなさい（略）」とお励ましになったそうです。

友だちは感激して帰り、「殿下のお言葉は忘れません。必ず頑張って子供たちを育てます」と手紙がまいりましたが、今では子供さんを育て上げ、立派にやっておられます――

ここに出てくる「友だち」とは、私の母です。旧姓西四辻《にしよつじ》壽榮子、旧子爵公堯《きみたか》（陸軍中将を退職後貴族院議員）の長女として、勢津子妃と同年の一九〇九（明治四二）年に東京で生まれ、妃の結婚の翌年に結婚しました。

幼稚園から十二年学習院に通い、卒業後結婚するまでの二年間京都の大叔母の家に預けられました。大叔母は緋櫻の典侍と呼ばれた明治天皇の側室で、京都に隠居しており、十八歳の壽榮子は、家事の手伝いや稽古事、華族会館での万葉集などの講義を聞く日々を送りました。

京都に預けられたのは、「長女はできれば同族に嫁がせたいとの父母の希望があった」から。しかし、そこで出会ったプライドばかり高くて生活力のない公家の御曹司にうんざりして泣いて両親に頼み、「はじめて我がままを通して」、庶民に嫁ぎました。「両親にはあまり喜ばれなかった」し、当時、華族の娘の結婚には宮内庁の許可が必要だったが、時間をかけた調査のうえ、幸い熊本のさして裕福でもない農家出身の父との結婚は許された。この彼女の決断の結果、私がこの世に存在し、妻や子どもたちの生が受け継がれていくわけです。

壽榮子は文章を書くのが好きで、少し余裕ができた老年になって、生まれ育った子ども時代（「お大名の華族と違って、貧乏な公家華族の我が家の生活は誠につましいものでした」）、結婚後十二年夫の広島赴任まで過ごした代々木での日々（「このころが私の長い一生で一番倖せな時期でした」）、そして原爆で夫を失った悲劇とその後の奮闘時代のことなど、少しずつ書き溜めた文章を、『思ひ出』と題する私家版にまとめました。

この中に秩父宮夫妻についての記述もあります。まずは、学習院時代の思い出です。修辞会という学校の行事で選ばれて、自作の作文を朗読したことが何度かあった、一度は「松平節子さんと二人一緒に出たこともある」。そのときは、彼女は「シンガポールの地理的価値」、自分は「歴史読本青葉の笛を読みて」という題で話した。しかし、自分の母は旧弊で、女が人前でしゃべるのは好きではないと少しも喜んでくれないので、練習も気兼ねして夜寝床に入ってからこっそりやった、他方で「松平さんは御住居が青山でお近かったので、お母様お出かけのついでに立ち寄られては、練習をご覧になり、先生と色々お話していらっしゃる」のが羨ましかった……。よほど晴れがましい出来事だったのでしょう、よく観察し、よく記憶しています。老年になっての子供時代の自慢話も、身近な人間にはほほえましいです。ひょっとして皇后だった頃の貞明皇太后も見に来たかもしれない、その頃から松平節子に目をつけていたかもしれないなどと考えたりします。

そして壽榮子はこう続けます。「思わぬ運命のいたづらか、もとよりそれぞれの値打ちの相違も大きく、境遇は呆れるほど変わりましたけれど、松平さんは妃殿下に上がられた後も、私が思わぬ逆境に落ち大苦労している時も少しもお変わり無く幼い頃からの仲良しとして親しんでくださり、有難い事と感謝しています」。

夫の死のあと、壽榮子一家は広島を離れ、つてを頼ってあちこちに疎開し、結局夫の郷里熊本の親戚の家の離れを貸してもらえることになりました。その間、学校時代の友人が何人も援助の手を伸べ、手を尽くして仕事を探してくれた。一つは高松宮妃の侍女長にという話が友人経由当時の白根宮内次官からあり、またすぐ上京するようにという連絡で岩波書店の当時の編集長吉野源三郎に会い、編集の仕事に採用したいという話もあった。しかし東京の家は空襲で焼けて住むところがなく、子どもの面倒を優先せざるを得ず、断らざるを得なかった。その後、これも友人の世話で、独身寮の寮母の仕事がみつかり、ここだと子供と一緒の住まいが保証されるので、これに応じて上京し、結局子供たちが社会人になるまでの二十数年を阿佐ヶ谷にある某大会社の社員寮の寮母として過ごすことになります。

それにしても、敗戦直後のこの時代、まだ社会保障制度など整備されておらず、暮らしに困る人々を支えたのは周りの人たちの援助と好意でした。とくに母の場合、女学校時代のネットワークの強さが印象的です。それなりの地位にいる元気な夫を持った友人も少なくなかったでしょう。勢津子妃も衣類などを送ったと書いていますが、この時期精神的にも経済的にも母を支援してくれた友人の一人でした。

田舎に疎開しているときも、勢津子とは頻繁に手紙のやりとりがありました。受け取った手紙の幾つかは大事にとってあり、いま私の手許にあります。いちばん古いのが、友の罹災とその夫の死を心から悔やむもので、巻紙に毛筆で見事な筆跡の手紙です。

――壽榮子さまご一家の広島にてご罹災のこと耳にいたし、胸もつぶれる思ひがいたしました。……ましてご主人様が尊い犠牲者のお一人におなりとは、なんとも申し上げる言葉もございません。……どんなにかおそろしい悲しい目におあひになり、今もあけくれご心痛の事と深く深くお察しいたしております。……何卒お力おとしのあまりお体おこわしの事などなきよう、くれぐれも御身おいとひの上、お子様の御ため、お家のため、万難にお打ち勝ちになるよう心からお祈りいたしております――。

その後書かれた手紙は、当時ですから質の良いとはいえない便箋にペン字ですが、女学校のクラス会があって、あなたのことが話題になった、この会でまたお会いしたいと皆が言ってい

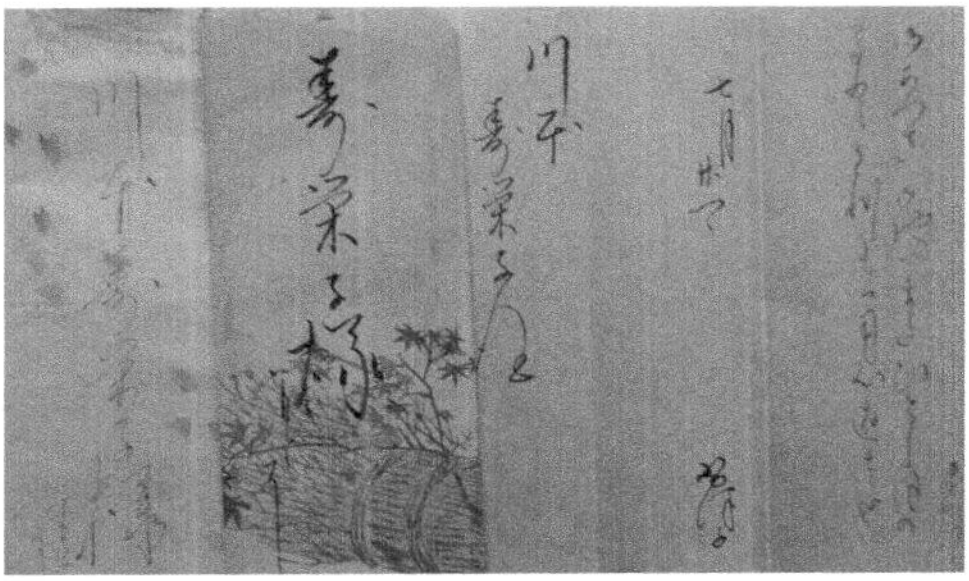
勢津子妃から壽榮子に宛てた手紙

たなどこまごまと報告し、ささやかな品物を送ったという知らせもあります。寡婦になって、心寂しく、しかもどうやって生きていくか、子供を育てていくか、日々悩んでいた壽榮子にとってどんなにか元気づけられる友の便りだったろうかと推測します。

これらの書簡の中には、侍女長からの手紙もあり、御殿場に来る汽車の時間を伝え、秩父宮夫妻が駅前のガソリンスタンドのところまで迎えに行く、という内容のものもあります。壽榮子自身も『思ひ出』の中に、「御殿場の御別邸で御静養中だった秩父宮殿下の御召しを受けて上京のついでに上がらせていただいた時のこと」について書いています。

――両殿下御揃いで迎えて下さり、此の度の不幸に暖かい御悔みと慰めの御言葉を賜り、今日はゆっくりして行くようにと、御居間のおこたつに案内して下さりお二方と三人でおひるをご馳走になりながら色々お話を伺いました。御てづくりの野菜や鳥肉の御馳走でした。御話も大変面白く夕方までお邪魔させていただきましたが、その折殿下が日本は決してこのままでは居ませんよ、必ず立派に立ち直ります。私はそれを確信していますと強く強く仰せられたことが忘れられません。

……結構なおみやげを色々いただき御玄関の外まで御二方でお出まし御送り下さり車の窓か

神代植物公園の薔薇「プリンセス・チチブ」

らお子さん方の為がんばるようにと何度も手を振られ力づけて下さりいつまでも御手を振りながら別れを惜しんで下さいました。それが（宮にお会いする）最後の御姿でした」――

なお前述した勢津子の回想には、壽榮子は前触れなく東京の宮家を訪れたが、そのときあいにく自分は不在で、代わりに宮が会ったとあります。敗戦直後、宮夫妻が一時的に「東京の焼け跡住まいをしていた」折のことでしょう。

そのとき会えなかったので、あらためて勢津子からお招きがあり、女官から汽車の時間などを知らせる手紙も届いた。それに応じて壽榮子は、今度は御殿場の宮邸に伺った。そして、そのときの出来事を右にあるように『思ひ出』に書き残してくれました。

（三）

母に連れられて、私も生前の勢津子妃に会ったことがあります。何度か宮家に伺ったこともあります。妻と三人でクッキーを持参して、お茶をごちそうになり、庭に出て妃が好きだった薔薇の花も拝見しました。ある英国人が栽培して献上した「プリンセス・チチブ」と名付けた薔薇があり、いまも季節になると調布の神代植物公園にも咲いています。

持参したクッキーですが、シュガーヒル・クッキーと名付けて、妻が妹とその友人と三人で長年、作っていました。シュガーヒルはアメリカのニュー・イングランドにある紅葉の美しさで知られる田舎の小さな町です。ニューヨーク勤務時に週末を利用して家族と旅行してシュガー・ヒル・インという素朴な宿に泊まりました。妻はこの地が気に入り、その名前を入れ、名物であるメープル（楓）のシロップの味も加えたクッキーを作り始め、帰国してからはごく小規模ながらお客様の注文ベースで続けることになりました。

母がクラス会の旅行にでも持参したのでしょうか、妃殿下がお気に召して、その後注文を頂くことになりました。宮家の事務所から電話が入り、赤坂の御所まで車で届けました。私が運転手を務めたこともあります。「秩父宮妃御用達だね」と笑ったものです。

そんなこともあって、三人で訪問する機会が生まれたのだと思います。英国訪問の懐かしい話を伺った記憶もあります。

ですから、私にとってもまんざら無縁の存在ではなかったのです。それにも関わらず、書棚にあった『銀のボンボニエール』とその英訳本〝The Silver Drum〟を長年手に取ることもなく過ぎて、このコロナ禍のなかでやっと両書を読むことになりました。本の中で母のことが触れられている事実も、彼女の死後十六年も経って、初めて気づきました。

この二冊がなぜ私の手許にあるのか、その経緯については分かりません。出版は私がロンドンに勤務していた年なので、自分で購入したとは思えません。勢津子妃から直接頂いた母が回してくれた以外考えられません。母はロンドンにも遊びにきましたからその時に土産に持ってきてくれたのでしょう。しかし英訳の方は妃が死去した翌年に出版されましたから、その後宮家あたりから頂いたのかもしれません。

何れにせよ私自身はさして感慨もなく受け取って、多忙を口実にそのまま放置しておいたのだと思います。我ながら、何ということでしょう。母の生前に読んでいたら、読後感も彼女について書かれていることも話題にすることができた。それをしなかった、これもいろいろ重ねた親不孝のひとつだと言わざるを得ません。

手記『思ひ出』もあらためて読みました。何度目の読みになるか。昭和の激動の時期を苦労して生きた明治生まれの女性の生涯を涙とともに辿りました。敗戦の年、一歳になったばかりの末っ子まで抱えて寡婦になり、どんなにか寂しく、心細かったか、戦後の混乱とともに女性の働く機会がまだ乏しかった時代に生きていくことがどんなに厳しかったかを改めて思いました。

しかも、必ずしも両親の意に添わない庶民との結婚を自らの意思で選び取り、自慢の夫とともに十五年を倖せに暮らした。それが広島の原爆とともに一瞬で奪われた。運命とはかくも予測しがたくむごいものかと感じたでしょう。しかし『思ひ出』の文章からは恨みも悔いもありません。日々生きていくことに必死で、そんなことを感じる余裕さえなかったのかもしれません。

旧友の秩父宮妃勢津子が、夫の死の直後、自らもあとを追いたいとまで思い詰めたと書いていることは前述しました。五人の子を抱えているとはいえ、彼女もまた、同じような思いにかられたこともあったのではないか。

勢津子妃が同じく寡婦になったのは彼女四四歳のとき、壽榮子の八年後です。もちろん彼女は皇室の一員で、経済的な苦労はなく、二人の「境遇は呆れるほど異なりました」。

赤坂の宮妃邸を訪れたときに（右から母壽榮子、秩父宮妃、著者夫妻）

しかし早く夫を亡くしたという、この一点が女学校時代の仲良しを再び結びつけた面もあったのかなと想像します。クラス会の旅行でも一緒に行動することが多かったようです。後年になってそういう交友が続き、ひょっとして子供よりも同じ悲しみを共有する友の方が通じ合う気持ちが流れていたかもしれないと考えるのは、一面ほっとすると同時に、子として辛い気持ちにもなります。

「身内の話を長々と書いてしまったが、家族の歴史は、思い起こされ、語り直されることで、新しい世代が過去に目をひらく回路となる」とは、ノン・フィクション作家 梯《かけはし》久美子の言葉です（二〇二二年八月八日毎日新聞「親世代の戦争体験」）。

私の場合は、秩父宮妃勢津子という女性と彼女が生きてきた時代を振り返りたい思いで書いてきた文章が、親不孝への詫びで閉じることになりました。

『皇太子の窓』から見る風景

私を夢見る人だと、あなたは言うかもしれない
——ジョン・レノン「イマジン」

ヴァイニング夫人の来日

(一)

「降る雪や明治は遠くなりにけり」とは中村草田男の代表句です。臆面もなくこの句をもじって、「敗戦忌昭和も遠くなりにけり」とつぶやきながら、本稿を書き始めました。

エリザベス・グレイ・ヴァイニング（以下ヴァイニング夫人）著の『皇太子の窓（原題“Windows for the Crown Prince”）』を取り上げるつもりです。

著者は、日本がアジア太平洋戦争に敗北した翌年、一年二ヵ月前までは交戦国だったアメリカから、当時の明仁皇太子（現上皇）の家庭教師として招かれた女性です。本書は彼女が、連合軍による占領下の日本に四年滞在し、皇太子をはじめ天皇一家との交流を深めた稀有な

“Windows For The Crown Prince” と邦題

体験を回想したものです。帰国した翌々年に上梓され、ニューヨーク・タイムズの読書欄の一面に紹介されたこともあり、ベスト・セラーとなって、すぐに邦訳が出ました。

古い本ですが最近読む機会がありました。長野県の八ヶ岳山麓で夏を過ごし、一緒に畑づくりに取り組んでいる年下の友人、宮本巌君が貸してくれました。

ある日の畑仕事を終えたあとのお喋りで彼が、小学校から大学まで学習院で学んだ思い出を語りました。私が、母も大昔に十二年間、女子学習院に通った、同級生には松平節子、後の秩父宮勢津子妃もいたと応じると、友人は高校では妃の妹である徳川正子先生に英語を教わり親しく指導を受けた、と話が繋がっていきました。

彼の父も学習院の英語の先生だった。そこからヴァイニング夫人の名前が出て、彼女も一時期同僚だったと話は拡がり、父、宮本先生の名前も出ている『皇太子の窓』を見せてくれたのです。一九五三年に文藝春秋社から出た初版でした（訳者は英文学者の小泉一郎）。八九年には新装本が出て、著者による「新しい読者へ」が付け加えられました。

「新しい読者へ」によると、帰国前に当時の宮内庁長官の田島道治から、日本での体験を本に書いてはどうかと勧められた、書名は田島の前任松平慶民から伝えられた願い「皇太子のために、今までよりももっと広い世界の見える窓を開いてほしい」からとった、とあります。この「窓」をヴァイニング夫人は複数で記し、題名も上記のように〝Windows〟です。

執筆するに当たっては、克明な日記や手紙をもとに、事実を正確に書くだけでなく、内なる真実を書きしるすことに打ち込んだ。「悲劇の時代に遭遇した日本人がいかに生き、どのように困難に立ち向かったかについて、私が見聞きしたことをありのままに書く」、とりわけ「私がすぐさま好きになった一人の少年が（略）どのように彼の人生ととり組んでいたかを明らかにしたかった」。

「新しい読者へ」では、成長した「一人の少年」と帰国後も何度も会う機会があったことに触れています。一九五三年英国エリザベス二世の戴冠式に天皇の名代として参列した皇太子が帰途アメリカに寄り、姉ヴァイオレット（彼女とは、日本滞在の後半の二年間、招いて共に暮らしました）と二人で住むフィラデルフィア郊外の古い小さな家に三泊したこと、結婚にあたっては唯一の外国人参列者として出席したことなどに懐かしく触れています。

一九七〇年には自伝『静かなる巡礼』を出版しました。四年間の出来事に加えて、上記の皇太子の訪米を含めたその後の日本との交流にも触れています。これら日本に関する部分だけが八九年に、『天皇とわたし』の題で邦訳されました（秦剛平・和子訳、山本書店）。本稿はこの本も参照しています。

ヴァイニング夫人は、日本での体験を〝現代・国際版のシンデレラ物語〟と自ら呼んでいます。一九〇二年ペンシルベニア州フィラデルフィア生れ。昭和天皇は一歳年上です。図書館学を専攻し、司書として働いているときに同じ大学に勤務する夫と結婚するが、夫は自動車事故で四年後に死去し、本人も重傷をおいました。早くから著述を始め、とくに児童向けの数々の著作は高い評価を得ました。「私の本職は教師ではなく、作家である」と語っています。

彼女は一九四六（昭和二十一）年十月に来日し、学習院の中等科・高等科時代の皇太子の個人教授を務め、学習院での英語教師を兼務しました。五〇年十二月に帰国しました。

スコットランド系のアメリカ人で、フレンド派（クエーカー）のクリスチャン。同派は平和主義の信条を守り、「良心的兵役拒否」の態度でも知られます。彼女自身、帰国してからもフレンド派の活動に熱心に参加し、一九六九年のベトナム戦争反対のデモの座り込みで逮捕された経験の持ち主です。一九九九年に九七歳で死去しました。

（二）

彼女が思いもかけず日本に来ることになった経緯は本書の冒頭に語られます。

来日したのは四十四歳の時です。発端は、一九四六年の春、アメリカの教育使節団が日本を訪問時、昭和天皇と面談の機会があった。その際使節団の団長は、天皇から、当時十二歳の皇太子のためにアメリカ人の家庭教師を世話してもらえないか、と訊かれます。

ヴァイニング夫人によると、天皇自身のアイディアであり、誰にも相談せず独断で決めた。「異例の出来事であった」し、ダグラス・マッカーサー以下ＧＨＱ（連合軍最高司令官総司令部）も日本政府も事前に知らなかった。

「戦争中（略）軍国主義的な一切のものの象徴であり、白い馬にまたがった、神にして王なる」と夫人が書く昭和天皇には、これからはアメリカと民主主義が大事だという判断がすでにこの時点で働いたのでしょうか。そのことを私たちは評価すべきか、変わり身の早さに感嘆するか、それともその両方か、なかなか興味あるところではあります。

ヴァイニング夫人は、日本到着早々に天皇を表敬訪問した際に、皇太子時代の欧州旅行の話も出て、いろんな事情でアメリカを訪問できなかったのは残念だと語ったと記しています。戦後の天皇のキリスト教への接近について紹介し、「しっかりした宗教的資質を持った女性に皇太子の教育を託そうとしたのではないでしょうか」とする意見もあります（原武史『「昭和天皇実録」を読む』岩波新書）。

そして、これからの本書の紹介でおいおい明らかにしていくつもりですが、このプロジェクトが大きな成果をあげたことは間違いないでしょう。天皇自身、「私に成功したことがあるとすれば、それはヴァイニング夫人を招聘したことだ」とある女官に語ったそうです（本書第十章）。

天皇の希望を知らされた「日本人の使者」（うち二人は、元海軍次官・海軍大将で当時学

天皇陛下の家庭教師

バイニング夫人死去

97歳

えた米国人家庭教師で、児童文学作家としても知られるエリザベス・バイニング夫人が二十七日夜（日本時間二十八日午前）、米国ペンシルベニア州フィラデルフィアの高齢者施設で死去した。九十七歳だった。

一九〇二年フィラデルフィア生まれ。大学院で図書館学を専攻し、大学図書館司書を経て、夫と死別後の三三年、児童文学の作家活動に入る。

「国際性を身に付けてほしい」との昭和天皇の発案で、皇太子さま（現・天皇陛下）に米国人の家庭教師

ヴァイニング婦人死去を伝える日本経済新聞の記事

習院の院長山梨勝之進と元外交官で当時天皇の通訳を務めた寺崎英成）は直ちに団長の許を訪れ、話し合いが持たれた。家庭教師は、女性であること、キリスト教徒であっても狂信的な信者でないこと、日本も日本語も知らないフレッシュな人などの条件がつき、住宅と自動車と使用人と秘書とが与えられ、年に二千ドルが支給されると決められた。報酬などの条件が早くも打ち合わされ、そのスピードと好待遇で招こうとした積極性に驚きます。

「女性であること」は、寺崎英成の進言を入れて天皇が自らの希望として伝えたようです（田島道治『昭和天皇拝謁記』岩波書店刊）。このことを知ったヴァイニング夫人は、日本における女性の地位を高めるのに役立つかもしれないと考えた。ほぼ

同じ時期に日本でも女性に参政権が認められて、戦後初の総選挙で三九人の女性代議士が選出されました。新しい時代が来るという予感があったのでしょうか。夫人自身は、昭和天皇は自らの体験から皇太子の人生に何がしかの女性の影響が必要だと感じたのであろうと推測しています。

団長は帰国後、候補者探しを始めます。当時彼女が所属していたアメリカ・フレンド奉仕団（ノーベル平和賞を受賞したこともある団体です）の日本救済計画の責任者から打診があり、彼女の個人情報がもう一人の候補者とともに日本に送られ、八月初めに当時の宮内省から、ヴァイニング夫人に決定したとの通知が届きました。

最終決定は山梨勝之進に委ねられた。夫人の半生に不幸があって、悲しみを知っていることも判断にあたっての大きな理由になったと、山梨自身が後年になって彼女に直接語ったそうです。その後二人は親しい友人になり、交流は帰国後も続きました。夫人は一九六〇年の著書『日本に戻って』の中で、「最後の武士」と題する一章を氏に捧げました。そこで、彼が勇気、義務感、忠誠心、信実、美しいものを愛する心、困窮の中での毅然とした生活態度、心の優しさなどの美徳を備え、かつ外国の生活・思考様式についての幅広い知識を備えていたと称賛しています。軍縮会議にあたっての条約派の一人であり、「反軍国主義のために」

予備役に編入されたことにも触れています。

この間の本人の気持ちはどうかというと、もちろんためらいの方が強かった。とくに「戦争と敗北に対するはげしい怨恨がまだなまなましく残っているに違いない、まったく未知の国で暮らすことの難しさ」への懸念が大きかった。

しかし他方で、平和と和解のために献身したいという願いも強く、最後には神の手にゆだねるしかないという気持ちになり、かくて運命は決まりました。

二週間の船旅を終えて日本に到着し、住まいに落ち着き、使用人に会い、通訳の高橋たねを紹介されます。たねさんは滞在中、彼女の分身となって助け、日本滞在時の最大の恩人でした。彼女とともに皇居を訪問し、契約書に署名し、天皇と皇太子に表敬し、当時小金井に仮校舎のあった学習院中等科を訪れます。

その日全校生徒を集めた歓迎の式で、彼女が（たねさんの通訳を通して）語った挨拶の一部を紹介しましょう。

「……この国に来たいと思った主な理由は、日本が新憲法で国策遂行の具としての戦争を放棄したからです。他の国々もついていかねばなりません。日本が苦難と敗北から新しい力と夢を得て、平和にむかって世界を引っ張っていくことを、私は信じています。それを成し遂げるのは、あなた方若い世代なのです……」

このあと彼女は、私の喋ったことを生徒たちがどこまで記憶にとどめてくれたかどうか分からない。しかし、四年後に日本を去るとき生徒の中の何人かが手紙をくれてこの挨拶に触れていた、と付け加えています（本書第四章）。

夫人と生徒たち

(一)

『皇太子の窓』で描かれるのは、まずは皇太子への個人教授や学習院での授業について語るヴァイニング夫人です。同時に、それと並行して拡がる皇室や周辺の人々との関係です。さらに彼女の観察は当時の日本・日本人や世界情勢にまで及びます。（本稿では、原書も参考にし、訳書にある敬語や敬称を一部省略し、訳文も変えたところがあります）。

何と言っても本書は、私のような庶民のうかがい知れない雲の上の世界についての貴重な興味深い記録です。序文で皇太子の教育掛を務めた小泉信三は、「この本は、今まで外部に対して全く閉ざされていた日本の皇室（略）の御日常を、至近距離から観て描いた、最も真実で且つ美しい絵画を、初めて世に示したという点で、夫人以外の誰れにも書くことの出来なかったものである」と書いています。

当初の契約書には、彼女の義務はこう定められた。「一、週一時間、皇太子に英語の個人教授を行う。二、学習院と女子学習院で英語を教え、皇太子あるいは皇室の他の子女の学力増進をはかる、ただし授業時数は週八時間を超えない」。

しかし実際には、これ以上の仕事が加わることになった。皇太子への授業時間は増え、休みにも軽井沢や御用邸での勉強は続く。教える対象も皇后や内親王や天皇の弟宮まで拡がる。給与も翌年から三千ドルに増額された。

そして、〝至近距離〟の交流が深まっていきます。国民にとって「皇居の内部は神秘」である、しかし彼女自身は家庭教師という枠を越えて、親しい友人とさえ呼べる関係になっていきます。食事やお茶の会にたびたび招かれ、そのあと連れだって御文庫内の天皇の書斎にも入ります。皇后の英語の授業も御文庫で行われます。御文庫は「外国人はもちろん、日本人でも、宮中の関係者以外は、この住まいに入った者はいない」。書斎のデスクの上には、大理石の胸像が三つ置かれていて、「リンカーンとダーウィンとナポレオンだった」と書くなど、具体的な記述も詳細です。

英語の授業は自宅でも行われ、三人の内親王がお付の女性と初めての授業に夫人宅を訪れ、皇后にたいへん感謝された。後年三笠宮も夫人の家に週一回英語を習いに来た。当時東京大学の聴講生だった宮は、気軽に、自分で小さな日本製の車を運転したり、省線（いまのＪＲ）の駅から歩いて来られたりした。皇太子自身も訪れます。

夫人は夏休みには軽井沢に用意してもらった山荘で過ごしますが、那須の御用邸に滞在中、彼女に会いにはるばる軽井沢までやってきます。夫人も招かれて那須まで出かけ、天皇皇后夫妻の歓待を受けます。

このような流れには、ヴァイニング夫人の人柄が大きく寄与したでしょう。女性が社会的に活躍する存在もまだ当時の日本では珍しく、自分の意見をはっきり言い、行動する姿も印象的だったでしょう。しかもそういう言動を通してアメリカ発の民主主義のあるべき姿を伝えていった。一部には反発もあったでしょうが、聡明な彼女は、占領国からやってきた傲りを見せず、好意と信頼をかちとっていったのだと思います。

人柄だけではなく、教師としての存在感が大きかった。

到着早々に学習院中等科を訪問して挨拶をしたことは前に触れました。その際、科長から「頭を下げるだけでよい」と言われたにも拘わらず、自らの言葉で語ります。授業を参観し、一連の儀式—「礼」の号令で先生にお辞儀をし、次の号令で着席する—を見て、自分はこんな堅苦しいことはやらないと決めて実行します。

自分流のやり方は、最初の授業で生徒たちに英語の名前を付けたという有名なエピソードでも発揮されます。皇太子に対して、あなたの本当の名前が「プリンス・アキヒト」であることはよく承知している、しかし「このクラスではあなたの名前はジミーです」。そして彼女は付け加える。「彼は愉しそうに微笑された、そしてクラス全体が晴れやかな顔になった」。

クラスでは生徒全員が英語名をもち、その名で呼ばれる。こういう約束事を決めた理由に、できるだけアメリカの教室の雰囲気をつくろうと思った、そして皇太子が一生に一度だけ、敬称も一切つけられず、特別扱いも受けず、他の生徒なみになることも彼にとってよい経験になるだろうと考えた。自分で考え・判断すること、自分らしく自由であること、彼女はこれらの大切さを繰り返し少年皇太子に伝えた、とは多くの評者が指摘するところです。

英語名を使うやり方に不満な一部の保護者から騒ぎがもちあがったことを、彼女は後に聞かされます。しかしヴァイニング夫人と宮中との連絡役を務めた松平信子（松平恒雄の妻、秩父宮妃の母）が味方してくれたので、収まりました。彼女自身いつまでも続けるつもりはなく、皇太子も二年ほどで「ジミー」を卒業しました。

英語名で呼ばれることを不愉快に感じる気持ちは、私には多少理解できます。二十年も後ですが、二十六歳で初めてアメリカのダラスという地方都市にホームステイをした時を思い出します。ホストはたいへん親切な年配の女性でいちばんいい部屋を与えられ、食事はもちろん下着の洗濯までしてくれてまことに感謝の日々でした。しかし初日から「あなたの本当の名前は〝タカシ〟だが、自分にはうまく覚えられない。ついてはここでは〝テッド〟と呼ばせてもらう」と宣言されました。気にしない人もいるでしょうが、私はさほどよい気持ちではなかった記憶があります。ヴァイニング夫人のやり方に不満や反発を覚えた生徒や関係者がいただろうことは容易に想像できます。

授業内容については当初から夫人に一任されていました。彼女自身驚いたことに、何を教えようとまったく自由だった。そして生徒たちは徐々に、彼女が自分流のやり方を通して何を教えようと考えているかを理解していったでしょう。先生が選んだ教材をもとに自由な話し合いや意見の発表を大切にした。英語で、民主主義、国連、教育、憲法、宗教、歴史や文学といったさまざまな問題について語ります。「平和についてはよく話をした。始終、平和と小鳥たちについて話をした」。

個人レッスンでは、たくさんの本を読みます。最初はワンダ・ガアグの『ひゃくまんびきのねこ』やアメリカの中学一年生用の教科書を使い、後にはリンカーンのゲティスバーグ演説を暗記したり、国連の人権宣言を読んだり、シェイクスピアに挑戦するまでになります。聖書も読みます。それらを題材に熱心に話し合います。

自分が頼まれたのは英語を教えることだけ。しかし、と彼女は言います。「英語という手段を通じて、西欧世界の理想を彼に示し、日本がいま（略）、やや当惑しつつも性急な熱意で〝抱きしめつつあった民主主義の真の精神〟を彼が理解する一助ともなれば幸いだと思った」。原文は〝the essential sprit of that democracy which Japan was embracing〟です。ジョン・ダワーの『敗北を抱きしめて、第二次大戦後の日本人』（邦訳は岩波書店から二〇〇三年）の原題が「Embracing Defeat」であることを思い起こします。

ヴァイニング夫人は本書で、民主主義について、頭で理解するだけでなく、生活し、行為することによって学びとるものだという信念を述べます。そして彼女によれば、その本質の第一要件は個人の価値と尊厳に対する敬意であり、第二の要件は米国建設時代の指導者の一人ウィリアム・ペンが言うように、人々が自由に政治に参加し、法律の成立に関与することです。

一九四八年の六月、夫人の発案で、皇太子と学友五人が代々木のアメリカン・スクールを訪問し、授業を参観しました（第十七章）。ヴァイニング夫人は、同行する五人の学友を、指名で決めるように周りから言われたが選挙で選ぶことにしました。

彼女はまず、「代表」「推薦する」「投票権」「投票用紙」「審査員」などの単語を黒板に書き、意味を辞書で調べさせた。それから、何のための選挙か、どういう生徒が選ばれるのが望ましいかを討議させた。その結果、「英語力」や「注意深く観察して、あとでクラスに報告できる者」などの意見が集まった。

そのうえで候補者を推薦し、投票を行った。皇太子が推薦した生徒は落選した。彼は良い生徒だったが、当時は英語の力がまだ充分でなかった。「同級生が、皇太子が推薦した者に投票しなければならぬと考えていないという事実が面白かった」。

学習院でのヴァイニング婦人の授業風景

明仁皇太子との個人授業

授業参観は無事に終わり、ヴァイニング夫人は翌日の個人授業で皇太子に、アメリカン・スクールで何にいちばん興味を惹かれたか質問します。

彼は「教室です。子供たちがとても自由にしている」と答え、なぜ、あんなに自由なのかを尋ねる。彼女が、自由は学んでこそ得られるものだからと答えると、アメリカと日本とどちらのやり方がよいか？　とさらに尋ねる。

「殿下はどちらだとお考えですか?」と問いを返すと、皇太子は笑って「先生にお訊きしているのです」と切り返す。そこで、日本の学校にもよい点はたくさんあるが、私はアメリカの方が良いと考えると正直に答えて、自由と規律の問題についても話し合ったと夫人は記述します。

この逸話が面白いのは、二人がそれぞれ遠慮せずに自分の意見を述べ、質問もし、その上でさらに話し合いを広げていく姿勢です。皇太子はまだ中学生で、「決して流ちょうではなかったが」英語でのコミュニケーションです。

なお、今度はお返しに、アメリカン・スクールから六人の生徒と四人の先生が学習院を訪問しました。安倍能成院長が出迎え、冒頭に触れた、夏に畑を一緒にする友人の父である宮本先生が英語で学校について説明しました。本書の中で同氏が言及される場面です。

(三)

同じく一九四八年の春、ヴァイニング夫人はたねさんと二人で富士山麓の御殿場に滞在した際、近くで療養中の秩父宮から午餐に招かれました。秩父宮は英語も達者で、心のこもった、温かなもてなしだった。勢津子妃からは静かな気品(dignity)と魅力あふれる美しさを感じた。妃が結婚前、米国の首都ワシントンでフレンド派の教会が経営する学校に通っていたこともあり、話は弾んだ。

席上ヴァイニング夫人は、皇太子の教育についてアドバイスを求める。宮の答えは、一緒に遊べるアメリカ人の男の子を見つけてはどうか、だった。彼女は、英語力をさらに向上させるなど少し時間は必要だが、必ず実現しようと思う。

夫人は一年前、七歳になる英国外交官の少女を皇居内の内親王の住まいに連れていったことがあった。ゲームをして遊んだが、驚いたことに、皇后や義宮も参加し、お茶のときに皇太子まで姿を見せ、少女と楽しく喋ったりした。秩父宮の提案に皇室の異論はないだろうと彼女が確信したのはこの経験があったからである。

翌一九四九年初め、夫人は自宅に皇太子と義宮を招いてささやかなパーティを催す。六人の学友も一緒に呼ばれて、皆でトランプや「宝探し」をする。後者は、英語で書かれた「手掛かり」（英語が分からなかったら辞書をひいてもよいと彼女は伝える）をもとに家じゅうを探し回って、「宝」（といっても、たかが帳面だが）を早く見つけ出した者が勝ちというゲームである。皇太子も大いに喜んで、パーティは成功に終わる。

半年後、「時が熟した」と考え、自宅に外国人の少年二人、皇太子と学友二人計五人を招く許可を願い出て、すぐに聞きとどけられた（第二十六章）。

ジョンとトニーは十四歳、ＧＨＱ勤務の学者と経済科学局の課長の子息で、アメリカ人とオーストラリア人。五人は六月八日午後やってきて、「モノポリー（独占）」をして遊びました。「モノポリー」は、資本主義の仕組みを象徴するようなアメリカ発のゲームです。プレイヤーは同額の「現金」を持ってスタート。双六の要領で盤上を周回しながら、サイコロが停まった不動産や公共事業を買い取って所有し、そこに停まった他のプレイヤーから高額な料金を徴収します。このようにして自らの資産を増やし、誰か一人でも破産してしまえばゲームは終わり、その時点の資産の多寡に応じて順位が決まります。

当然ながらジョンとトニーに軍配は上がった。ゲームを終えて食堂で軽食をとりました。夫人や小泉信三以下三人のお付きは隣の居間にいて、食堂は五人の少年たちに任せる。当時すでに一緒に住んでいた姉のヴァイオレットが入ってきて、「皇太子殿下や他の少年たちに言葉をかけると、誰もが丁寧に立ちあがって挨拶した」とわざわざ記述するところに、少年たちがマナーをわきまえていることへの招待者の満足感が伝わってきます。

五人の話は弾みます。五時が過ぎて侍従が食堂を覗き込んだが、皇太子はその眼を避けた。六時二十分前に侍従はまた入っていって椅子のうしろに立った。彼はやっと立ち上がって、帰る用意をした。ジョンとトニーは、その日のことを夢中になって話し合ってから、最後にジープに乗って帰っていった。彼らは、プリンスがごく自然に学友に接する態度に印象づけられ、学生らしい表現で彼への称賛を表した。「殿下は話せる男だね」(原文は "He' s a regular fellow")。

二人の少年との交流はその後も続きました。皇太子は彼らの家に招かれ、自らも皇居に招待し、帰国する際は家族とともに皇居で送別会を開きました。

この日の出来事が、彼女自身よほど印象に残ったのでしょうか、『天皇とわたし』でも取り上げます。小泉信三が様子を見に部屋に入ったとき、一人ひとりに、誰もが知っている歴史的事件を課題として与え、それを演出させ、見ている他の少年に当てさせるゲームで遊んでいた。「殿下はご自分に与えられた題がむずかしすぎると訴えられた。そこでわたしは、『それならば、ベストをつくしておやりなさい』と言った」。小泉信三は後年、この模様を何度も話題にして、「あなたに権威を感じた」と言ったという。

もちろん、敬意を払う場合も多かった。個人教授には二人の学友が加わり、学期ごとに新しい生徒が選ばれ、皇太子もその選定作業に預かった。選ばれる学友は人格と個性に重きをおき、それなりの英語力のある生徒の中から、皇太子より力のある生徒と少し劣る生徒の二人を、彼女は選びたかった。しかし、彼は自分より上手に英語を喋れる学友を選ぶことには断固として反対した。この場合は先生といえども、誇り高いプリンスの意志を曲げることは出来なかったようです。

一九四九年は夫人にとって、特別意義深い年でした。上にあげた他にも特筆すべき様々な出来事がありました。

・皇后から新年の儀式に招かれる。歌会始にも招待された。この年の勅題は「朝雪《あしたのゆき》」。外国人が出席するのはきわめて珍しいが、彼女は三度続けて出席し、自身でも詠進者の一人になった。

・同じく一月、天皇皇后両夫妻と侍従長を入れた四人で、その後は小泉信三を初め顧問の面々と何度か、皇太子の今後の教育方針について話し合った。

・皇太子は三月に中等科を卒業し、高等科に進学する。ヴァイニング夫人は卒業式に参列し、日本滞在は今年で終わるだろうと考えていた。ところが、天皇をはじめ教育顧問の総意でさらに一年の延長を懇請される。悩む彼女は、姉やたねさんとも相談し、同意を得て、あと一年、翌年十月まで留まることに同意する。
・次いで六月には、マッカーサー元帥との面談が実現する。ヴァイニング夫人だけが同席する。大成功に終わり、夫人は安心し、「この会見こそ殿下の人間的成熟への途上の一里塚だった」という感想をもらす。
・夏は軽井沢で、夫人の山荘に三泊するという思い出深い出来事がありました。以降彼はこの地を愛し、やがて現上皇妃との出逢いにつながります。
・十月には滞在四年目に入り、十二月はとくに行事が多かった。二十日は家族揃っての晩餐会に招かれ、翌日は姉と宮中で催される音楽会に行き、彼の十六歳の誕生日を祝う晩餐会にも出席、そして今度は自宅に招いてのパーティと忙しい年末を過ごした。個人授業に同席した六人の学友も招いた。ゲームをし、「ホワイト・クリスマス」を歌った。
・二十日の晩餐会は、「いつものように幸せな、うちとけた一夕であった」。子供たちは「き《サイ》よしこの夜《レント・ナイト》」を英語で歌うことを決めたが、出だしがまずかったので、一小節か二小節で声は小さくなり、聞こえなくなった。皇太子は「まさにサイレント・ナイトだ」と笑った。また出直してこんどは皇后の美しい声の助けもあって、一番を全部歌った。
「その間じゅう私はそこに座って、お濠の奥深く日本の皇室の子供たちが（略）クリスマスの讃美歌を歌うのを聴いているのは、ほんとうにこの私なのだろうかとあやしむのだった」（第三十二章）。

敗戦直後の日本、そして離日まで

（一）

本章では、ヴァイニング夫人が、敗戦直後の日本の暮らしや出来事、文化や国民性などをどう観察したか見ていきます。

夫人は天皇直々の招聘によって占領期の日本にアメリカからやって来た、いわば特権階級の人間です。庶民の暮らしに接する機会はごく限られていた。普段は車で移動し、公用の旅は占領軍専用車に乗り、街を歩いたり買い物をしたりする機会も少なく、まだ東京で見かけた傷痍軍人や戦災孤児の存在を知ることもなかったでしょう。

しかし限られた範囲ではあるものの、観察し、記録することに務めます。まずは到着の翌朝、皇居を訪問する二十分の車窓から見た「驚くべき戦禍のあと」。あたり一面が焼野原で、人びとが辛うじて焼け残った土蔵や小さな小屋で暮らしている、防空壕に住んでいる人もいて、穴の中から出てくる女性の姿を見て、胸が痛くなった。それらを眺めて、「夜空を舞う爆撃機と、火焔と、恐怖と、逃げまどう人々の群れと、一切を失った人々のかなしみとを、まざまざと心に思い浮かべずにはおられなかった」。

教会の仲間とともにクリスマスに、大勢の引揚者が悲惨な状況で暮らす場所を慰問したことや、食糧不足が続き、さつも芋が主食で米の配給が遅れ、闇値が高騰する状況などを、同情とともに記録します。電力事情も厳しかった。「大半の日本人家庭では四十ワットの電球の使用しか許されず、学生たちは（略）山の手線に乗って、うす暗い車内燈の明かりの下で勉強する時勢だった」。

皇室も質素に暮らしていた。天皇夫妻は、御文庫と呼ばれる防空壕の上にある、もとは書庫だったコンクリートの建物に住んでいて、小さな簡素な住まいだと彼女は思う。学習院の生徒たちも貧しかった。学校があまり粗末なのでびっくりするだろうと事前に言われてはいたが、実際に行ってみて「こんなみすぼらしい、暖房装置もない、原始的な建物とはまるで予期していなかった」。学習院女子部も同様だった。

全校の生徒と教師の三分の一以上が焼けだされていた。親戚の家に同居したり、遠くから混んだ電車で通学したりする者も少なくなかった。「しかし私は一度も彼等の愚痴を耳にしたことがなかった。生徒たちの明るさと熱心さ、教師たちの辛抱強い勇気には、私はいつも深い感動を受けずにはおられなかった」。

学校に暖房がなく、寒さにはよほどこたえたようです。外套を着て、毛の靴下をはき、手袋をしたままで教えることも多かったが、それでもしもやけができた。

こんな出来事もありました。一九四七年十一月末に彼女は一時帰国したアメリカから戻り、皇室一家から夕食会に招かれる。場所は皇居内の正式の食堂で、「ここは寒いから厚着をしてくるように」と事前に言われていた。部屋は電気ヒーターで暖めてあったが、小金井のスパルタ的環境に慣れている皇太子は、暖かすぎるのか、時々ヒーターのスイッチを切る。すると父天皇は幾度でも辛抱強くヒーターのスイッチを入れた。あとで松平夫人から彼女が聞いたところでは、母皇后が、ヴァイニング夫人は、アメリカ人で暖かい家に慣れているのだからと皇太子をたしなめると彼は、夫人は寒い小金井の学校で教えていて、寒さなんか何とも思わないと答えたそうです。（第十四章）

勝者と敗者の対称があまりに露骨だった占領についても考えます。日本人の高級住宅が占領軍の家族に徴用された（彼女の場合も例外ではありませんが）、日本人は超満員の電車に乗っているのに、占領軍専用車はほとんど空っぽで走っていた、アメリカ人の家には召使がたくさんいて食物があふれているのに、以前は公爵夫人だった女性がじゃがいもをつめた重いリュックを背負って買出しから帰ってくる姿が見られた、などなど（第十九章）。

そして、アメリカ人の家で見られた浪費と奢侈に、自分の知る日本人が誰も恨みを口にしたり、行動で示したりしなかったことに心を打たれます。「私たちアメリカ人にはできないと思うが、日本人はものをあるがままに受け入れる。ただ生きんがために、ある生活水準を維持せんがために、必死の努力を続けている人間が、過去を忘れて、忍耐と勇気をもって前進してゆくのであった。〝シカタガナイ（It can't be helped）〟――これは私が日本滞在中しじゅう耳にした言葉だった」。

占領そのものについては、自分たちアメリカ人が口で説く民主主義と、日本におけるその実践との間にはギャップがあったと認め、軍事占領とは本質的に非民主的なものと言わざるを得ないのだ、という苦い認識を披露します。その上で、評価もします。多くの賢明寛大な施策、占領軍の軍人と職員の献身的奉仕、天皇の示した手本に従って日本国民全体が示した驚くべき協力などがあいまって、「まったくよいとは言わぬまでも、罪過よりも功績の方がずっとよいという結果を生み出した。仇敵同士が友人同士になった」。これは歴史上稀有な出来事で、この偉大な実験に参加したすべての人々に敬意を表する、と彼女は総括します。

このような数々の記述から受けるのは、ヴァイニング夫人がおそらく他のアメリカ人以上の気遣いと暖かさを持って日本人と接したのではないかという印象です。人柄に加えて、宗教の影響もあるのか、天皇皇后をはじめ、彼女が生まれて初めて知り合う日本人という存在から、少しでも良いところを見つけようという精神の構えと言ったらよいでしょうか。そして幸いにも当時、彼女が知り合う人たちには素敵な日本人が少なくなかった。

むろん皇室について彼女が批判的言辞を表すことはありません。しかし、記述からは本当に信頼に支えられた関係だったことが伝わってきます。とくに皇后とはよほど相性もよかったのか、友情を深めました。山梨勝之進への高い評価は前述しましたが、他にも田島道治、小泉信三、松平信子など、彼女が敬意を抱き、親しくなった人は多かった。

しかも、これらの表の付き合いだけでなく、ごく身近な、いわば目下の人たちとも親しくなりました。住み込みで賄いと家政婦の仕事を受け持ってくれた、井上さんという六十そこそこの女性と彼女の五人の子供たちとの四年間はその代表的なものです。ヴァイニング夫人は、頁を割いて一家の人たちを紹介しますが、温かい交流と病弱だった子供たちに寄せる優しい心遣いが行間から伝わってきます。そして何と言っても、高橋たねに寄せる信頼です。「日もたたずしてわたしは、妹のように彼女を愛するようになった」。そして、「真に人を愛するときには人種の違いが何の障害にもならないことをそのとき知った」と書き記します。日本滞在はもちろん教師としてだった。しかし、教えるだけではなく、彼女自身が学ぶ機会でもあった。

たねさんとは、時間を見つけては国内を旅しました。戦災の被害の少なかったところが多く、広島や長崎を訪れることはありませんが、京都・奈良、伊勢神宮、山陰から九州・四国の一部など。京都の俵屋に二度も泊まり、千宗室の点てる茶の湯を知り、宮中での皇后手づからの養蚕の現場に立ち合い、雅楽に招かれ、姉と二人で生け花を学び、変わらない日本文化に魅せられていきます。

雨の中を、軽井沢の街を歩き、那須の御用邸に向かう途中益子に寄り、陶芸家濱田庄司に会い、雨あがりの美しい農村地帯を車で走り、日本人は雨を愛する、これは西洋にはない感覚だと理解します。やさしく降る雨の音、雨に洗われた木の葉の目のさめるような緑、雨に濡れた岩の輝き、――そうした審美的なよろこびを日本人はそれ自身として味わう。雨のそぼ降る小途を歩きながら、彼女は日本人のもつ繊細な感情に深い感慨を覚えました。

ある年の秋、皇后から、奈良から届いたという美しい木の籠に入った「マツムシ」と「スズムシ」を贈られたこともあった。この時期に手紙をくれる生徒たちは誰もが、暗くなってから鳴きだす涼しい虫の声のことを書いてくれたと彼女は思い出す。そして、他の国では気づかれないようなものに繊細なよろこびを見出し、それを楽しむための伝統と美しい虫籠とをつくりだす日本の人々の独特な感覚について考えました。

伊勢神宮では、日本人の宗教感について考えます。神《ゴッド》とは自分たちにとっては天地の創造者であり愛と真理の源である。しかし、日本人はそのような〝神《ゴッド》〟を表す言葉を持たないと彼女は理解します。彼らの「カミ」という言葉は、本来ただ「上」というほどの意味を示すに過ぎない、「オガム」という言葉も、深い敬意を示す儀礼的な行為なのだと。「そればかりでなく、日本人はたいてい不可知論者である」（第十章）。

後になって、学友二人も加わった皇太子の個人授業で、一冊の物語を読んで感想を話し合う機会に、話題は宗教にも拡がった。彼らから「神とは何か？」「なぜあなたはクエーカーになったのか？」といった鋭い質問がとび、彼ら同士も活発に意見を出し合った。その際、「自

ら を 科学者であり、不可知論者だと理解する皇太子」は、真剣に考えこみ、注意深く耳を傾け、テーブルの上に体を乗りだしていた。

（三）

日本が徐々に変わっていく姿も見つめます。

生徒たちの暮らしも少しずつ改善されてきた。まだひどく痩せてはいるが、顔色が良くなった、と喜びます。以前より元気になったある少年の一家は戦災で焼け出されて以来防空壕に住んでいた。やっとバラックが出来て、移ったそうで「これで勉強している気になれます」と先生に語った。

新憲法が公布されて、諸々の進歩的な改革も成就された。「数えあげればきりがないが」として彼女が具体的にあげるのは、女性参政権、女性の経済的な独立、結婚の自由、義務教育年限の三年延長、若い女性が親たちの意志で工場へ売られることが無くなり、公衆衛生対策の実施によって一般人の健康が著しく増進した、刑務所の改革、そして大きな混乱もなく農地改革がなされたことなどなど。

他方で、労働不安も起きました。一九四六年の秋から翌年の初冬にかけて、皇居前広場で労働者のデモが繰り返され、車の中から、赤旗が打ち振られるのを見、労働者の歓声を聞いたことを彼女は記録します。四七年春の新憲法下最初の選挙で吉田内閣が敗北し、社会党が多数を占める連立内閣がこれに代わった。これに合わせて、地方選挙、知事の公選も初めて行われ、夫人は選挙の様子を見たいと思って、投票に行くたねさんについて近所の公立小学校に行きました。六月二十三日には、新憲法下最初の国会が開かれ、占領軍関係者の席から傍聴しました。

同じく一九四七年の春には、極東国際軍事裁判（通称東京裁判）を傍聴し、第二十一章全部を使ってその印象を記述します。

すでに裁判に提出された起訴状を新聞で読んでいた彼女は、「日本の陸海軍によって行われた暴行虐待の事実」を知り、衝撃をうけます。そして「自制心あり、礼節に厚く、日常他人に接するときあのように親切な国民が、なぜ戦時にはあのように傲慢残忍な人間になれるのか」と自問自答します。そして、問題は「戦時に」ということにあって、戦争は私たちすべてをけだものにする。アメリカ人は、自分の国の人間が太平洋で行った残虐行為については「知らぬが仏」でいるのだ、と怒ります。

しかしこのように書く彼女は、さらに踏み込んで、東京大空襲や広島・長崎への原爆投下などについて具体的に言及することはありません。例えば、のちに世界的名著との評価を得たジョン・ハーシーの『ヒロシマ』は、雑誌「ニューヨーカー」の一九四六年の八月三十一日号の全頁を占めました。当日だけで四十万部が売れ、大反響を引き起しました。ヴァイニング夫人がアメリカを旅立ったのは同年の十月一日です。事前に本誌に目を通したかどうか、その後の関連する多くの報道を知っていたかどうか。

彼女は折に触れて、生徒たちに戦争の記憶や思いを文字で表現させます。そのうちの一人、皇太子と同じクラスの十五歳の少年が、人類が二度と原爆を使用しないことを強く望むと書いた文章を『天皇とわたし』で引用します。しかし彼女自身がこの問題に言及することはなく、どういう思いを抱いたかは伝わってきません。

東京裁判傍聴の記述に戻ると、被告に続いて十一人の裁判官が入廷した。夫人は、プログラムを見て、被告の誰が誰なのかを確かめ、法廷での印象を記録します。裁判官のうち七人には彼女はすでに何度か会っていた。それらはみな尊敬すべき人物である。しかし、勝った国を代表している裁判官しかいない、日本人はまじっておらず、スウェーデン、スイスなど中立国の代表さえ参加していなかったことを指摘します。

一九四八年の四月には、証拠提出、弁護側の弁論と起訴側の反駁はすべて終わり、法廷はしばらく休廷となり、裁判官は最後の審議に入った。死刑も出るのではという予測のもと、緊張と重圧が日本人にかぶさった時期だった。そして、天皇の退位を要求する者も出て、そうなったら十四歳の皇太子は「すでに得られた自由をすぐさま失う」、と心配します。

十一月四日に最後の法廷が開かれ、判決が言い渡された。夫人は、判決にたどり着くまでに様々な議論があったこと、インド代表のパル判事は反対の意見書を発表し、フィリピン代表の判事は、あまりに寛大な刑であると批判したこと、裁判長の豪州代表ウェッブ卿は個人の意見として、戦争指導者と見なさるべき天皇が無罪だったのだから、何びとにも死刑の判決を下すべきではなかったと述べたことなどを記録します。

その上で、本章は以下のように終わります。「東条以下七名は一九四八年十二月二十三日に絞首刑に処せられた。天皇はその日一日ひきこもっており、皇太子は家族と一緒に十五回目の誕生日を祝うことができなかった」。

(三)

一九四九年の出来事については前章「大人と生徒たち」(二)で触れました。翌五〇年は、ヴァイニング夫人の日本滞在の最終年です。彼女の記述には、国際情勢とくに冷戦の緊張が高まることへの言及が増えます。

前年には中国本土で共産党による国家統一がなりました。五〇年初には英国も新しい中華人民共和国を承認しました。東京に駐在する各国の外交官の間で懸念が高まる様子を彼女の筆は伝えます。

そしてついに、六月二十六日に朝鮮戦争が勃発、新聞の見出しを見た瞬間、彼女は、過去の不吉な出来事―日本の満州攻撃、ヒットラーのラインラント侵入など―の見出しを見た時とおなじように、とんだことが起こったと暗い気持ちになり、これが第三次大戦の口火になるのではないかと恐れました（第三十五章）。

小泉信三と話し合い、小泉は、ソ連はいま戦争を欲していないと思うという私見を述べ、二人で事変を局地的なものにとどめることが可能かどうかを語り合った。日本に駐留するアメリカ人の兵隊が朝鮮半島に送られる報道に心を痛めます。国連軍が結成されて、七月十四日、GHQ本部のある日比谷の第一生命ビルに星条旗の横に国際連合の旗が翻っているのを見て、平和を守ろうとする強力な国際連合を心に描き、そこに唯一の希望を見出したという感慨を筆にします。

他方で、このような世界情勢が、日本社会の未来に与える影響についても危惧します。しかもその流れを作っていくのが母国アメリカであることに平和主義者としての怒りをあらわにします。この年の八月に「占領軍当局の勧告の下に七万五千人の警察予備隊がつくられた」ことに、彼女は、心が暗澹としたとして、我々アメリカ人が「いま、図々しくも憲法を無視して、軍隊ではないと偽りながら軍隊をつくる手助けをしているのであろうか」と母国への抗議の声をあげて、三十六章を終えます。

ビルに翻る国際連合の旗を見た翌日、ヴァイニング夫人は日本で最後の夏休みを過ごすため軽井沢に向かいました。この年、軽井沢をたいへん気に入った皇太子も八月いっぱいをいつもの那須御用邸ではなく、当地で過ごすことになりました。級友も何人か近くにいて、夏をともに楽しんだ。五、六人の級友と夫人の家を訪れ、トランプをして遊び、お菓子を食べ終えて、次に何をして遊ぶかになった。皇太子は同じトランプゲームをもう一度希望したが、他の少年たちは日本のゲームを希望した。多数決で決めることになり、皇太子の意見は採用されなかった。彼は「多数の決定を当然のこととして受けいれて、喜んで次のゲームに加わった」。

軽井沢でも勉強は続きます。ヴァイニング夫人はシェイクスピアの『ジュリアス・シーザー』を選んだ。先に邦訳を読んでもらい、それから一緒に英語でこの劇について論じ合い、有名な箇所をいくつか選んで原書で読んだ。

八月二十九日の夏の最後の授業は雨の朝だった。山にはベールがかかっていた。『ジュリアス・シーザー』について話し終えると、夫人はこの秋には永久にアメリカに帰る旨を伝えた。彼はまじめな表情を見せた。しばらく黙っていたが、やがて「また日本に来られますか?」とたずねた。「いつも少しばかりホームシックになるだろうから、そうしたいと思う」と彼女は答え、「アメリカでもお会いしたい」と続けた。彼の顔は明るくなった。

翌日は弟の義宮と三人で碓氷峠の見晴台に遠足に出掛けた。皇太子は現地まで、白い馬に乗って侍従や護衛とともに現れた。三人で「サンセット・ポイント」と呼ばれる見晴台のテーブルに座り、お茶を飲み、「もっとも満ち足りたひととき」を過ごした。軽井沢でともにする最後の日だった。終えて、彼女の車が先に出ることになり、皇太子にさようならを言った。握手をしたとき彼はとつぜん声に力をこめて、「この夏は有難う("Thank you for the summer")」と口にして、それから二人は別れた(第三十五章)。

ヴァイニング夫人の離日は九月二十五日に正式に発表されます。それから帰国までの二ヵ月強は常にもまして忙しい日々が続きました。

学習院での最後の授業があります。生徒たちの顔を見るのもこれが最後だと沈む心で、語り掛けます。これまでの授業で、偉大な人物の言葉を幾つも記憶してほしいと願って暗記してもらった。最後に僭越ながら自分からも何か言葉を上げたいと、以下のように語りました。

「私はあなた方に、いつも自分自身でものを考えるように努めてほしいと思います。誰が言ったにしろ、聞いたことを全部信じこまないように。新聞で読んだことをみな信じないように。調べないで人の意見に賛成しないように。自分自身で真実を見出すように務めて下さい。ある問題の半面を伝える非常に強い意見を聞いたら、もう一方の意見を聞いて、自分自身はどう思うかを決めるようにして下さい。いまの時代にはあらゆる種類の宣伝がたくさん行われています。そのあるものは真実ですが、あるものは真実ではありません。自分自身で真実を見出すことは、世界中の若い人たちが学ばなくてはならない、非常に大切なことです」（七十余年経って、こういうアドバイスが大人にだって耳に痛い時代になってきました）。

語り終えると先生は黒板に、「自分で考えよ！（Think for yourselves！）」と書き、残りの五、六分は言葉遊びをした（第三十六章）。

授業の任務から解放された彼女に、残りの時間は自分のしたいことを第一とするように、行きたいところへ旅行するように、との天皇皇后の意向が伝えられます。公式・非公式のさまざまな送別会が続きます。貞明皇太后からのお招き、天皇一家との、皇太子と二人だけの、などなど。小泉信三をはじめ教育顧問の面々とは数回にわたって、彼の将来、学習院卒業後の教育、結婚についてまで話し合いました。

マッカーサーとの最後の面談は十一月二十八日の予定が一日延期された。その日の午後、新聞は、中共軍が大挙して朝鮮に侵入し、国連軍は前線全体で後退している、と報じた。翌日やっと会えた元帥は憔悴しているようにみえたが、一時間あまり、もっぱら彼が話し手で、朝鮮戦争を含む世界のあらゆることに及んだ。彼は日本国民への信頼と、それを証明する彼らの行動とについて、暖かい言葉で語った。占領軍が全部朝鮮に出払っていても、日本には暴動も騒擾もまったく起きなかった。労働陣営はストライキをつつしんで協力してくれた。「これこそ論より証拠 (the proof of the pudding) です」と彼は言った。

その前の勤労感謝の日には、新しく建った講堂で、学習院の生徒たち（my boys at Gakushuin）が送別会を開いてくれました。すべて彼ら自身で企画し、実施したもので、「素晴らしい出来だった」。

すべて英語で、そして全員が役割を担った。歌や朗読、劇やスピーチがあり、皇太子は『ヴェニスの商人』のアントーニオのセリフを読んだ。

スピーチはステージの上からではなく、いろんなテーブルから、少年たちがごく自然に次々と起ち上って、四年間一緒に勉強した経験から、何か取り上げては話した。「先生は英語だけではなく、さまざまな思想を教えてくれた」と言った少年もいた。

最後に、「蛍の光」を歌った。スコットランド風にみなで手をつなぎ、「私は片手に殿下の手、片手に司会した生徒の手をとって、大きな部屋をぐるりとひとまわりした」。

そして夫人は考えます。「彼らを教えることは歓びだった。……私が彼らの年頃だったら、敵国から来た外国人の教師を、彼等が私に示した半分ほどの協力と心の優しさで迎えることができただろうかと疑う」。

送別会が続き、「おびただしい親切を受け、たくさんの友を得た、このうるわしい、魅するような国を離れるのは悲しかった」と書く夫人は、源氏物語須磨巻の、光源氏との別れを嘆く言葉も引用します。「いつとなく、別れといふ文字こそうたてはべるなるなかにも（いつと限らず別れという文字は嫌なものでございますが）……」。彼女が引用するのは、アーサー・ウェイリーの英訳の文章です。

帰国は、デンマークの貨物船に乗りました。「船客は十二名で乗り心地のよい船だった」。小泉夫妻、生徒たちなど大勢が会いにきてくれた。皇太子と義宮が、最後の別れに船まで来てくれた。新聞社の写真班が何か日本語で叫んでいる。「もう一度、私たちに握手してくださいと言っているのですよ」と皇太子が四十人ほどの写真班の要望を英語で説明してくれて、「私たちは笑いながら握手の無言劇をもう一度くりかえした。後になってたねさんが恐縮した声で、「皇太子殿下が〝あなたの通訳〟をなさったのにお気づきでしたか？と私に言った」。

たねさんは出帆のときにも来てくれた。二人はしばし抱き合った。彼女はいつまでも、疲れを知らず、波止場から白いハンカチを振ってくれた……（第三十七章）。

軽井沢でともに過ごした日々（『皇太子の窓』（文藝春秋刊より））

「そして、光は良いものだと私は思った」

（一）

『昭和天皇実録』は、宮内庁が二十四年かけて編纂した昭和天皇の「実録」です。誕生から崩御までの事蹟を年代順にたどり、本文全十八巻が二〇一五年から刊行されました。

約二万二千人の「人名索引」から外国人を検索してみると、ダグラス・マッカーサーが言及される回数が最多で、以下、英国ジョージ五世、同エリザベス二世に、ヴァイニング夫人が続きます。昭和天皇の長い事蹟の中で四年しか占めていない彼女の存在がいかに大きかったかの証左ではないかと感じます。

「実録」は、ヴァイニング夫人の記述と合致することが多く、彼女が事実を正確に記したことが分かります。例えば、「実録」一九四六年三月二十七日には、やはり天皇自身が「米国人家庭教師の推薦を依頼した」とあります。夫人が日本に到着して初めて謁見したときには、「これまで米国を訪問する機会を得られなかったことを残念に思う旨を仰せになる」とあります。皇太子の教育方針について度々話し合い、彼女が自分の意見を臆することなく主張したことにも触れています。

夫人が帰国するにあたって、天皇主催の送別会が、一九五〇年十一月二日と二十六日の二度実施されました。吉田首相以下が同席した午餐と皇室一家による送別の茶会です。前者についての『実録』の記述を引用します。

「なお戦後において、これまでは一雇外国人のために午餐を催されることはなかったが、この度はヴァイニングが皇太子への教育に関して尽力し、かつ米国民の皇室に対する認識を深めたという功績が多大であるために行われた」。

ヴァイニング夫人も、天皇を始めとする人たちの厚遇をよく理解していたでしょう。その上で、自分としてもやるべきことをやった、言うべきことも言ったという満足感を持って日本を去ったのではないでしょうか。

本書の最後は、離日する日の船上での著者の想いで終わります。四年間を振り返って、「私が見たものは異常なことどもであった」という感想を漏らし、次のように続けます。打ちのめされ、途方にくれた国民が、灰の中から立ち上がり、歴史にほとんど前例のない百八十度の転換をなしとげ、決意と活力で新しい方向へ、新しい途に踏み出すさまを見たこと。戦争の悲惨がまだ残る占領下で、以前の仇敵同士に友情が育つのを。世界でも最も秘められた宮廷の重い扉が、一人の外国人を受けいれるために開かれたのを。そして、丸々とした小さな少年が落ち着いた青年に成長している姿も見た。

その上で、生徒であった明仁皇太子についての想いを述べ、さらに日本や世界のこれからについて考えます。

「私の殿下びいきはよく冗談にみんなの口の端にのぼっていた」と書くように、夫人の皇太子への敬愛は深いものがあります。それは本人にも伝わったでしょうし、彼もまた同じような敬愛の情を抱いたのだと思われます。

夫人は彼の資質について冷静に観察します。皇太子は自らにも他人にも正直である、謙遜で、すぐれた知力をそなえ、使命を真摯に自覚している、時には大胆に伝統を打ち破る、真の保守の能力をもっている。ユーモアのセンスがあり、それなくしては本当に偉大とは言えない資質「思いやり」(compassion)の持ち主である。

同時に、弱点として率直に二つをあげます。一つは、「公的な人物にとっての大きな財産である、喜んで愚かになれる能力(the ability to suffer fools gladly)」が欠けていること。

皇太子と義宮との船上での別れ

もう一つは、「侍従などの意見を気にする」態度、しかし後者の「自ら進んでことにあたる意欲の欠如」については、「かなりのところまで克服なさった」とも指摘します。文章からは、自らの教育の成果もあったとの自負が感じられます。

その上で、いつの日にか天皇になるべきこの少年の前途はどうであろうかを自らに問い、彼はどんな人間になるだろうかと案じつつ、「……解放された日本において、大きな道徳的な影響力をもつことになるであろう」と期待を寄せます。

本稿執筆時に八十八歳の上皇であるかつての教え子は、ヴァイニング夫人が予言した「道徳的な影響力」をまさしく発揮したと言えるのではないでしょうか。そして、彼女の「自分で考えよ！」という生徒たちへのメッセージを時に思い出しながら生きてきたかもしれません。

それは、例えば『平成の終焉』（原武史、岩波新書）が詳細に伝えるように、戦地になった太平洋への島々を含む慰霊と祈りの旅からもみてとれるし、何よりも、一八四〇年の光格天皇以来という今上天皇への生前譲位を実現した英断こそ、彼が「自ら考えた」行動であったと思われます。私たちは日本の皇太子とアメリカ人女性との幸福で実り多い四年間を想像できるのではないでしょうか。

（三）

他方でヴァイニング夫人は徐々に変わりつつある緊張した世界に懸念を抱きつつ、日本を去ることになります。根っからの平和主義者である夫人が、こういう世界の情勢と日本の行く末に深い憂慮を覚えたことも、本書の最後は伝えます。

自分は、ささやかながら平和という大義に寄与しようと思って日本に来た、と夫人は言います。ところが今や、朝鮮半島は戦火に包まれ、米国とソ連という巨人に挟まれて、日本の新しい民主主義が危機に遭遇しているのを見た。あれほど、望ましいものと思われた和解の精神が、日本をアメリカの軍事同盟国として、戦争に巻き込むかもしれないのだ。

そして批判の目を母国に寄せます。「……本書を書いている私の耳に、アメリカの指導者たちが日本に再武装させようとしているという噂がつたわってくる。私たちアメリカ人は、私の生徒たちが成人するのも待たずに、こんなことを企てているのだ」（第四章）。彼女の思いは、本書執筆の十八年後、六十六歳でベトナム戦争に反対するデモに参加し、ワシントンの国会議事堂前で逮捕されるまで、首尾一貫しているといえるでしょう。

ヴァイニング夫人の懸念はいま、予言のように響いてきます。敗戦から七十七年経って、世界もアメリカも、そして日本も大きく変わりました。彼女の夢見た世界はますます遠のいているように思えるのは私だけでしょうか。

例えば二〇二二年の一月一日の毎日新聞の社説は「民主政治と市民社会」と題して、「民主主義への逆風が強まる中、二〇二二年を迎えた」という言葉で始まります。そして、「冷戦直後に広がった「世界はいずれ民主化する」との楽観論は影を潜めた。三十年後の今、浮上しているのは専制的な権威主義が拡大する現状への懸念である。スウェーデンの「民主主義・選挙支援国際研究所」によれば、過去五年間で権威主義的な傾向を強めた国の数は民主化した国の約三倍に上った」と続きます。

平和と民主主義は幻想にすぎないというシニカルな言説が、いまや流行語のように響く昨今です。二月にも、「露、ウクライナ侵攻」の大見出しが、新聞一面のトップに躍りました。「第二次世界大戦以来、欧州で最大の地上戦が始まった」と英国の新聞は報じました。私は、朝鮮戦争が始まったときに、ヴァイニング夫人が第三次大戦の口火になるのではないかと恐れた、と書いていることを思い出しました。ここでもう一度、〝遠くなりにけり〟と詠いたくなる敗戦直後のこの国を思い起こし、その頃新しく生まれた美しいものは何か、失われた大切なものは何かを考える必要があるのではないでしょうか。そんな思いの中で私がよりどころにするのは、本書のいちばん最後にあるヴァイニング夫人の言葉です。

彼女は、私は皇太子のためにより広い世界にむかって窓を開くことを依頼された。（略）成功したかどうかはともかく、日本の上にたくさんの窓が開かれたのは確かであるとして、次のような言葉で本書を閉じます。

「どちらに面しているにせよ、窓からは、光がさしこんでくる。そして光は良いものだと私は思ったのだ」（“Through windows ,whichever way they face, comes light, and light, I thought, is good.”）。

誰もが、〝窓〟を開けて、そこに射し込んでくる光は良いものだと信じること、窓の向こうにある世界を眺め、〝自分で考える〟こと、話し合い、共生し共存し共助していく道がないかを探ること。さぞ青臭いと言われるでしょうが、一人一人がそういう生き方を求め続けていくことしかないような気が私はしています。

たまたま同年一月十八日の宮中歌会始のお題は「窓」でした。かつてヴァイニング夫人が三年続けて陪席し、自らも歌を（もちろん英語で）詠進した催しです。実は、これが今年のお題だと知った時点で、本稿を書こうと思いつきました。

天皇は「世界との往き来難《がた》かる世はつづき窓開く日を偏《ひとへ》に願ふ」と、愛子内親王は「英国の学び舎に立つ時迎へ開かれそむる世界への窓」と詠まれました。天皇は「コロナ収束の先に日本と世界の人々の往来が再び盛んになる日が訪れることを願う思い」を、内親王は「学習院女子高等科二年の夏に英国の名門校イートン校のサマースクールに参加した際の心弾む気持ちを振り返った」と新聞は報じました。

私は二つとも良い歌だと感じました。そしてそこに流れるのは、かつての明仁皇太子とヴァイニング夫人とが二人で培った、ナショナリズムの対極としてのコスモポリタニズム（世界市民主義）とでも呼ぶべき精神の構えではないだろうかと考えました。

徳仁親王著『テムズとともに　英国の二年間』を読みながら

若き日の英国留学

（一）

一九六〇年生れの現天皇は、昭和天皇存命中の親王時代、一九八三年から八五年までの二年四カ月英国に滞在し、オックスフォード大学マートン・カレッジに留学、テムズ川の水運の歴史について修士論文を書き上げました。

帰国して八年後の一九九三年に、回想記『テムズとともに　英国の二年間』が学習院教養新書から出版され、二〇〇六年には英訳が出ました。この間に皇太子になっています。

本稿では本書を取り上げますが、自ら筆を執って一人称で書いた点を尊重して、敬語・敬称は最小限度にとどめました。また副題は「英国の二年間」ですが、本文では「英国」とも「イギリス」とも表記しますので、本稿でも両方を使用します。

まずは留学時代への著者の思いを受け止めるべく、「はじめに」からの引用です。

「……とても一口では表現できない数々の経験を積むことができた。私がオックスフォードを離れてからすでに七年を経過した今も、それらは常に青春の貴重な思い出として、時間、空間を超えて鮮やかによみがえってくる。その多くが今日の私の生き方にどれだけプラスになっているかは、いうまでもない」

本書英訳ペーパーバック版

「この文章を書きながら私の脳裏を去来するのは、オックスフォードでの楽しい学生生活である。……この短期間のうちにオックスフォードで得たものは計り知れない」

と書いたうえで、「本書を私の両親に捧げたい。両親の協力なくしては、これから書き記す、今にしてみれば夢のような充実した留学生活は、実現しなかったと思われるからである」という感謝の言葉で終えます。

私が初めて読んだのは実は英訳です。新天皇が即位し、元号が平成から令和へ改まった二〇一九年のことです。

『The Thames and I, A Memoir of Two Years at Oxford』の訳者は、もと駐日大使のサー・ヒュー・コータッチです。私事ながら私も本書に描かれる時期のほぼ三年後にロンドンに二年半暮らしました。日英協会の会長をしていたサー・ヒューに会う機会もありました。

英訳本はチャールズ皇太子（当時）による署名入りの「推薦文」が冒頭を飾り、「鋭い観察眼、優雅なユーモアのセンス、旺盛な好奇心、そして文章力があり、楽しく興味深く読める」と高く評価します。「優雅なユーモアのセンス」とは、イギリス人の最高の褒め言葉でしょう。

〝Naruhito〟の署名が印刷された「英語版序文」が続きます。「留学から二十年も経っているが、あたかも昨日のことのようにいまも懐かしく思い出す」とあり、チャールズ皇太子や訳者への感謝の言葉を述べます。

そのあと訳者の「覚書」があり、「実は雅子皇太子妃（現皇后）が本書の翻訳を手掛けたいと長年願っていたのだが、公務多忙もあり叶わず」、私がその任に当たることになったと記します。原著と英訳に十三年の間隔があります。雅子妃はこの間に少しは訳業を手掛けたのであろうか、などと考えました。

(二)

本書は、将来の天皇になる人物の若き日の留学の記録であり、その経験といい、本人が書いたことといい、きわめてユニークな書物であると言ってよいでしょう。

祖父の昭和天皇も父の現上皇も、海外の大学で学ぶことはありませんでした。昭和天皇は、戦後、明仁皇太子（現上皇）の家庭教師として米国からヴァイニング夫人を招聘します。夫人の回想記『皇太子の窓』によると、四年間の責務を終えて米国に帰国する旨を皇太子に伝えたときのことをこう回顧しています。「……殿下が少しの間でもアメリカで勉強なさればよいと思っています、とも申し上げた。（略）殿下は喜びの色を顔に浮かべて、そうしたいと思う、とおっしゃった」（小泉一郎訳第三十五章）。

学習院の幼稚園から大学まで明仁皇太子と同級だった徳川義宣（尾張徳川家第二一代当主）が一九五八年に書いた「殿下の〝人間宣言〟」という文章があります。当時の正田美智子現上皇妃との婚約発表に当たって依頼され執筆したもので、共同通信が配信し地方紙に掲載されました。

私がこの文章を知ったのは、かつての職場の先輩堀井功氏からです。徳川義宣氏は卒業後

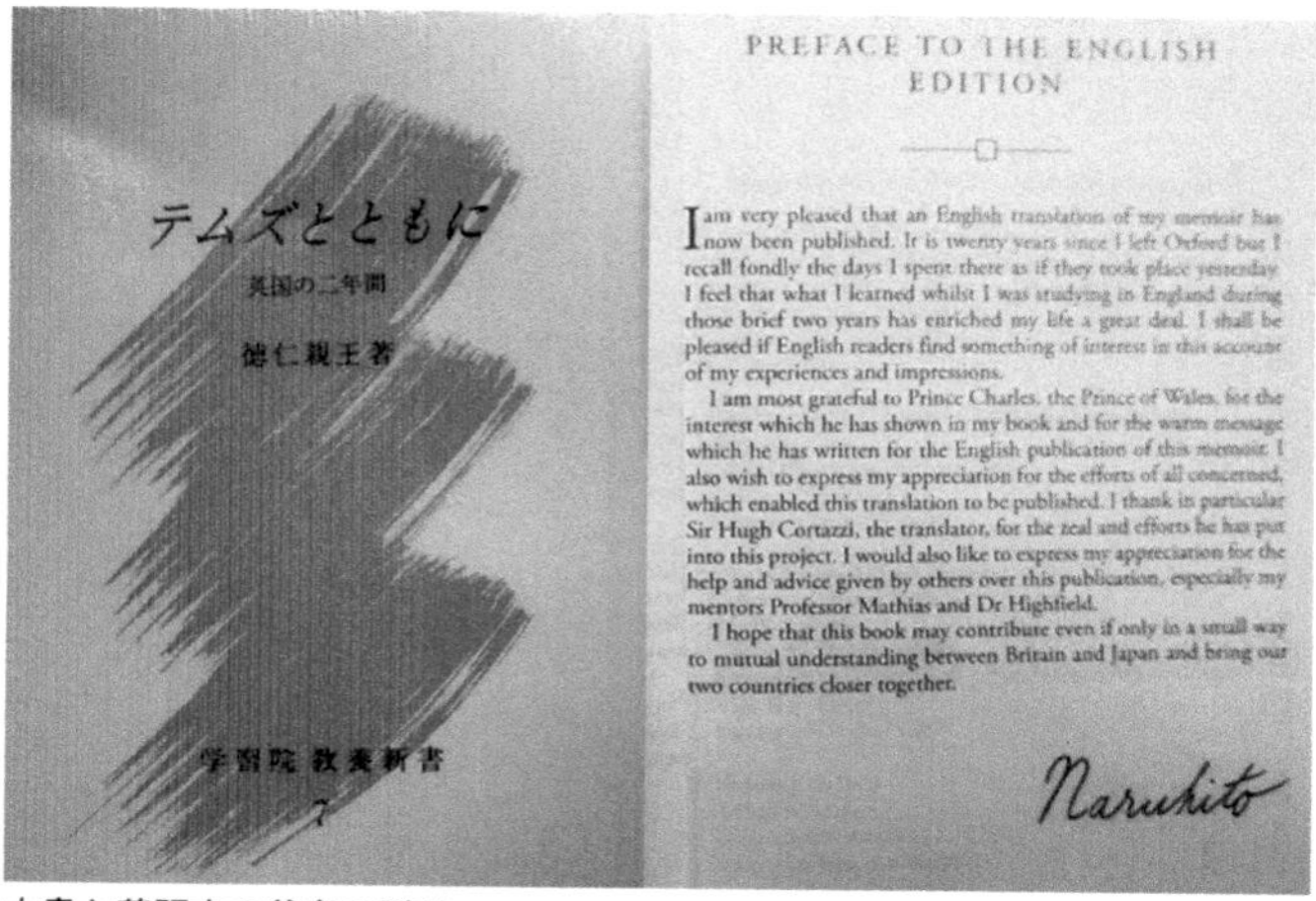

PREFACE TO THE ENGLISH EDITION

I am very pleased that an English translation of my memoir has now been published. It is twenty years since I left Oxford but I recall fondly the days I spent there as if they took place yesterday. I feel that what I learned whilst I was studying in England during those brief two years has enriched my life a great deal. I shall be pleased if English readers find something of interest in this account of my experiences and impressions.

I am most grateful to Prince Charles, the Prince of Wales, for the interest which he has shown in my book and for the warm message which he has written for the English publication of this memoir. I also wish to express my appreciation for the efforts of all concerned, which enabled this translation to be published. I thank in particular Sir Hugh Cortazzi, the translator, for the zeal and efforts he has put into this project. I would also like to express my appreciation for the help and advice given by others over this publication, especially my mentors Professor Mathias and Dr Highfield.

I hope that this book may contribute even if only in a small way to mutual understanding between Britain and Japan and bring our two countries closer together.

本書と英訳本の著者の謝辞

旧東京銀行に入行し、当主になる前の五年間、堀井氏の親しい同僚でした。彼に依頼されて当時の皇太子とテニスをしたこともあったそうです。

文章（引用が旧仮名遣いの場合はママ）からは長年の友への暖かい友情が伺えます。皇太子が大学生になる頃から、徐々に自由を奪われ、次第に無気力になっていくように見えたという印象をもらします。「もう以前のわれわれの仲間ではなかった」ことに寂しさを感じます。「高等科時代から自分の意思をまげられ続けてきた彼、たとへば望んだドイツ語の代りにフランス語をやらされ、理科進学の望みは政治学専攻となったやうに。最初は抵抗もし、悩みもしたが、そのたびごとに若さは奪はれ、自信は失はれ、やがてはあきらめと無気力の底に安住してしまふかと思われた彼」。

大学卒業の直前、著者はこう言って励ましたと言います。「東洋の片隅の国の皇太子なんて問題にもしない外国へ行かなければダメだ。思ひ切って二、三年外国へ行けよ……」。

これに対して皇太子は「それは僕も考へてゐる」と答えたそうです。しかし「いろいろな事情があって」実現することはなかった。……と書いてきた上で筆者は、今回の婚約が「自分の意思を貫き通した」ことに感銘を受けます。幼年時代の友が戻ってきたという思いです。そのうえで、「二人は結婚したら外国へ行ったらいい」と考えます。「いまだ。思い切ってもう一度学校に行け。日本で学べなかった大学生活を、自分の志す学問を探求してこい……」。

しかし、その後の皇太子は、海外訪問の機会は多かったが大学での学びは実現しませんでした。

徳仁親王の先達としてあげられるのは、昭和天皇の弟秩父宮です。彼は一九二五年、親王に先立つこと五十八年前、英国に一年半ほど滞在しオックスフォード大モードリン・カレッジに入学しました、しかし、「少なくとも一年は学びたいと思っていたのですが、大正天皇の崩御のため、わずか一学期で帰朝のやむなきに至ったことは、ぜひないことでありましたが、今でも残念に思っていることです」と、本人が一九四七年に書いた「英国の思い出」にあります。

このように祖父、大叔父、父それぞれの思いを受けて徳仁親王が留学生活を全うすることが出来たという事実を、初めにおさえておきたいと思います。

「青春の貴重な思い出として」

(一)

以下、本書の内容紹介に入りますが、チャールズ皇太子が「鋭い観察眼」を評価していることは前述しました。この点を幾つかの事例からみていきます。

初めての長い滞在で、何に気づいたか、何が記憶に残ったか、日本との違いは?……それらについての記述を読むことで、その人がどのような「眼」の持主かがわかるのではないでしょうか。

例えば、「私」こと徳仁親王は、到着早々エリザベス女王からティーへの招待を受けて、バッキンガム宮殿を訪問しました。「英国の「ティー」とはどういうものかと思っていた私には、女王陛下自らがなさって下さる紅茶の淹れ方と、（略）サンドイッチやケーキの組み合わせに興味をひかれた」。

ここを読んで、秩父宮勢津子妃の回想記『銀のボンボニエール』にも同じような記述があったことを思い出しました。勢津子妃は、一九五三年に夫を肺結核で亡くしたあと日英協会の名誉総裁に就任し、英国を何度も訪れます。一九七四年の訪英時に、クイーン・マザー（皇太后）のお茶の招きを受けました。その時の模様を、「給仕人は一人もいなくて」、「ご自分でお茶をおいれになって、私にすすめてくださるのです」、食卓上のサンドウィッチもお菓子も「ご自身でおすすめになるのでした」と回想します。

二人ともこういうところに興味を持つのは、日本では自分でやるなど考えられないからだろうか、と私はその方が記憶に残りました。

大学に入学する前に英語の個人授業を受けるため、日本滞在の経験もあり語学学校の経営にも関わり女王付きの勤務もあるホール大佐のオックスフォード郊外にある「煉瓦造り三階建ての豪壮な」屋敷に当初の三カ月を滞在しました。

ある日、大佐の長男が村の祭りに連れて行ってくれました。彼は、自分の家では「プリンス・ヒロ」と呼んでいるのだが、お祭りの会場では「ヒロで通してくれた」。「私」はその違いに気づき、気遣いに感謝し、こう付け加えます。「日本にいてはなかなかできないことだが、自分が誰かを周囲の人がほとんど分からない中で、プライベートに、自分のペースで、自分の好きなことを行える時間はたいへん貴重であり有益であった」。

オックスフォード大学滞在中は、「先生方や学生にはヒロと呼んでもらった。ナルヒトに比べれば覚えやすいと思ったし、ヒロという言葉の響きも好きであったからだ」。

大学で何をテーマに論文を書くか、入学するまでは決めていなかった。子供のときから御所に住んで外の世界との接触が制限されていたこともあって、「道」や「交通」に関心を持ち、学習院大学でもその研究を続けた。

英国に来て、テムズの美しさにひかれて、水運の歴史を取り上げることになるのだが、川を眺めた印象についてこう書き記します。

「改めて日本の川とテムズ川の相違点を認識させられた。氾濫原のない緩やかな流れ、そして川べりはそのまま川岸へとつながっている」。この点は、この地に旅し、地続きの緑の間を流れるテムズ川を眺めた人は誰もが同じような印象を持つのではないでしょうか。

入学に先だって大学を表敬訪問すると、マートン・コレッジ（著者は「コレッジ」と表記しますので、以下これに従います）の学長が校内を案内してくれました。コレッジは八十人の院生と二百三十人の学部生がいて、「ヒロ」は院生の一員になるのですが、学長は歩きながら、すれ違う学生に会うと一人一人に言葉をかけて、どうやら全員の名前を覚えているようだと感心し、「早くもコレッジ制度の良さを垣間見たように思った」。


後の章で著者は、オックスフォード大学のどのような点が優れているか、その特徴を詳細に説明します。第一にこの「コレッジ制度」、第二に「チュートリアル制度」、そして第三に多様な学生の交友が可能になる様々な仕組みです。

「コレッジ制度」とは、「（三十五の）コレッジが各々独立しながらオックスフォード大学という一つの連合体を形成している」。「コレッジはいってみれば学寮であり、学生の宿泊単位のようなもので、専攻分野を異にする学生が生活を共にする場である」。一方、日本の大学の学部学科に当たるものとしてファカルティがあり、すべての学生はこの両方に必ず所属することになっています。

テムズ川の「緩やかな流れ」

そして「チュートリアル制度」とは、「指導教授であるチューター（Tutor）と学生との一対一で行われる授業を指す。学生は週一回自分のチューターに会い、エッセイ（小論文）または研究中に生じた問題点を整理して提出し、それをもとに通常一時間のディスカッションを行い、さらに次の週までの宿題が出される。チューターからはエッセイ作成のための参考図書、必読書が提示されるがその量はきわめて多く、読破する時間もなみたいていではない……」。

大学院生の場合は、二人の指導教授を持つ場合が多く彼の場合も論文指導は別のコレッジに所属するマサイアス教授だったと付け加えます。

「コレッジ制度」に戻ると、ヒロもコレッジ内で暮らし、三度の食事を原則ここでとります。彼の部屋は最上階三階の端にあり、書斎と寝室の二間続きで、他の寮生と異なり私用の浴室もあります。「自分の部屋をまったく自分の意志のまま使えるのはいいものである」と述懐します。

しかし、セントラル・ヒーティングの設備はなく電熱器だけで、おまけにすきま風に苦労した。ベッドの上の窓枠の隙間から入り込む風は異常に冷たく、協力も得て「目張りをしてしのいだ」。

もう一つ寒い思いをしたのはお風呂でした。「自分用の風呂があることには感謝すべきであるが、浴槽に約半分ほど給湯すると湯がなくなってしまい、およそ温まるという状況には程遠い有様」にいささか閉口し、「どうもイギリス人はゆっくりと風呂につかるという習慣がない模様」であると考えます。しかし、「すきま風といい、風呂といい、いずれも今となってはいい思い出だし、このような環境で生活するのもオックスフォード大学の教育の一環なのかも知れない」。

四十年近い昔ですからその後事態は改善されているかもしれません。しかし今もロンドン郊外に暮らす娘の家に泊まって風呂に入ったときの私の記憶は、さほど大きな違いはなかったような気もします。

コレッジの自室での著者

他方で日々の暮らしの中での気付きもあります。街での見知らぬ人たちに親切にされたことに触れたあと、「優しさといえば、私はイギリスの人々が自分でドアを開けた場合、後から来る人がいればドアを開けたまま待っていてくれるのにも感心した。私は滞在中鼻先でドアが閉まるような不快な思いをほとんどしなかった」。

こういう日常生活のマナーや風習で、他にも著者が気付いたことはいろいろありました。知らない人に対しても「有難う」や「失礼！」を頻繁に口にする光景もその一つでしょう。

後から来る人にドアを開けたまま待っているというイギリスで日常よくみる光景は、日本では自動ドアが普通なのに対して、この国では今に至るもきわめて少ない、だからマナーとして定着しているという事情もあるかもしれません。

実は私も、単に習慣になっているだけですが今でも、自動でないドアを通る場合は、通り過ぎたあと振り返って、後から来る人のためにドアを開けて待つようにしていますが、日本ではあまり見かけません。お礼を言わずに黙って通り過ぎる人も多いような気がします。

自動ドアにした方が便利だし、荷物を持った高齢者や障害者にとっても安全ではないかと思ったりするのですが、どうも英国は保守的というか、昔からの習慣をそう簡単には変えません。長年暮らす娘に言わせると、「荷物を持った人が手動ドアを入ろうとしたら、近くにいる誰かが必ず助けるから心配ない」そうです。

それにしても、彼が、家庭で、大学で、街中でさまざまな経験をする、気づく、失敗もする、その逸話を丁寧に紹介するのを面白く読みました。

無論、親王の身分としての特別待遇はありました。常に警護がつき、外務省から派遣された「側近として諸事に当たってくれる」専属の参事官とその家族も近くに住んでくれました。警護については、英国の首都警察から二人、一週間交代で、彼らも寮に寝泊まりし、終始行動をともにしました。

数多くの公務もあります。日本庭園の開園式に出席のためリバプールに行き、スコットランドで夏を過ごす女王の招きでバルモラル城に滞在します。英国王室や貴族たちや欧州の国々の王族からも招かれます。「私が訪れたヨーロッパ諸国は十三ヵ国に及ぶ」。

しかし、彼にとっていちばん大事なのは、学業を全うする留学生だという意識と行動だったでしょう。洗濯もアイロンかけも含めて自分のことは自分でやり、時に失敗し、失敗を通して親しくなった学生もいました。大学の教職員や友人からも町の人からも学生としての扱いを受け、そのことを十分楽しみました。寮に暮らし、よく学び・よく遊び、学生生活を堪能しました。


真面目に学んだことは、論文をどのように書いたかについての丁寧な記述から察せられます。パソコンもインターネットもない時代に、あちこちの図書館や地方自治体の資料室を訪れ、コピーをとり、筆写する。参考文献を読み、関連する史跡を見て回る。二人の教授から論文指導と一般指導をうけて、論文を書き上げる。その真面目さには感心します。良く勉強しました。論文は後にオックスフォード大学出版局から出版されました。もっとも彼が特別だったわけではなく、「オックスフォードの学生は一般によく勉強する」、それにはチュートリアルの効果が大きいと理解します。

「また、学生は自分自身の意見をはっきり表明する。それはゼミナール（略）はもちろん、日常会話の節々にも現れる。チュートリアルの時には、エッセイに自分の意見が入っていなければ、先生に満足してもらうことはできない。私が接した多くの学生がひじょうに幅広い教養を身につけていることも驚いたことの一つであった。特に、彼らは何人かが集まった時の話題の出し方がとても上手であり、居合わせた人すべてが何らかの興味を示しそうな話題を選び、それを発展させていく。一言でいえば社交上手である」。

ヒロ自身も、チャールズ皇太子が評する「旺盛な好奇心」を発揮し、買物などで街によく出かけます。英国内外をあちこち旅してまわり、気楽に学生の仲間に入って、友人を作ります。映画や演劇、オペラやコンサートに出掛けます。ヴィオラの演奏やテニスなどのスポーツに秀でていることも利点です。

「自分で音楽活動に携わることができたことも、マートン滞在中の大きな喜びであり、楽しみであった」。ヴィオラの演奏をし、友人とカルテット（四重奏）を組んで、モーツァルトやシューベルトなどの室内楽を学内外で演奏しました。週に一回はカルテットの練習を続けたこと、初めて弾く曲もあったがなんとか乗り切ったこと、ロンドンの教会でのヘンデルのメサイアにも出演したことなど、多彩な活動が本書で紹介されます。音楽への深い愛着と相当の演奏技量の持ち主であることを伺わせるところです。

欧州旅行の際には音楽家ゆかりの場所を訪れ、ザルツブルグのモーツァルトの生家では彼の使っていたヴィオラを弾かせてもらい、ウィーン郊外のベートーヴェン・ハウスでは、ウィーン・フィルのメンバーと合奏した。また「滞在中はできる限り今自分がいるイギリスの作曲家の作品に親しむように努め」た。

スポーツにも熱心に取り組みました。テニスでは「マートンの一選手としてコレッジの対抗戦」に出場しました。登山やジョギングも楽しみました。登山では、スコットランド・ウェールズ・イングランドそれぞれのいちばん高い山を登りきりました。ボートを漕いだり、スカッシュに初めて挑戦したりもしました。何事にも積極的に取り組み、仲間をつくり、それらすべてを楽しむ、二十三歳の活発な青年の姿が目に浮かびます。

これらの日常生活と諸活動について、例えばこんな風な逸話を紹介します。

（一）ひとりで銀行の窓口に行って両替をしてもらい、友人とディスコで遊び、パブでビールを注文する言い方を学ぶ。パブを「はしご」するという英語も教わります。

ディスコではこんなこともありました。「……入ろうとして、入り口で差し止められてしまった。理由を聞くと、ティーシャツやジーンズではその晩（週末だかららしい）は入れない由である。ちなみに私がジーンズ、友達がティーシャツ姿であった。さらにその人は私たちの後方にいた（ブレザー姿の）警護官を指差し、「あなたは結構です」と言った。（略）素直にそのままあきらめて帰った」。

こういった出来事がいかに楽しかったかを記したあと、銀行もディスコも生まれて初めての経験であり、おそらく二度とないだろう、と書き加える。

（二）写真を二千枚も撮り、その都度街の写真店に行って現像してもらい、店員とすっかり顔見知りになる。

ある日、「今日はたまたま古い店員が辞めるのでパーティがある。参加しませんか？」と突然言われて驚くが、喜んで出席する。

（三）カルテットを結成した経緯も面白い。学食での朝食で大学院の音楽専攻の院生とたまたま隣り合わせになり、「多少恐る恐るではあったが自分がヴィオラを弾く旨を話し、できれば室内楽をやりたいという希望を伝えた」。そしてその学生は「二つ返事で引き受け」、他のメンバーを探してくれた、無事にカルテットが結成され、多くの演奏会を実施することになりました。

「好奇心」に加えて、物怖じしない積極性と人柄の魅力を感じさせます。まずは仔細に「観察」

し、その上でこういうことを言っても耳を傾けてくれるという判断をしたのでしょう。初めて弾く曲にもしり込みせずに挑戦する、努力する、これは生来の性格かもしれません。

（四）そして、カルテット結成の事例のように、寮に暮らし、大学の食堂で三度の食事をとることがいかに交友を拡げる大事な場かを語ります。その理由として、「周囲に座った学生と誰とでも自由に会話するあたりは、日本の大学とだいぶ違うのではないだろうか」と考えます。

昼食が終わると三十分ほどラウンジで時間を過ごす楽しさにも触れます。

（五）食事やパーティの席での日本との違いにも気づく。

――「私たち日本人はどうしてもグループでかたまりがちであるが、彼らにはそのようなみぶりはまったく見られず、実に見事に誰とでも会話を楽しんでいる」、そして話題も幅広く、例えば、当時の首相サッチャーの施策についての率直なディベイト（論争）だったりする。だから、学外で同じ仲間と食事する学生も少なくない中で、彼はいつも学内の食堂で食事をし、たくさんの友人をつくり、多様な知を吸収する。

夕食はときどき工夫を凝らすこともある。年に一度「玄米だけの夕食（Brown Rice Week）」が一週間続くことがある。粗末だが、食事代は常と変わらず、差額の代金はチャリティに寄付されると聞いて彼は、このようなシステムは、「学生たちの苦しんでいる人々への理解を増すことになり、すばらしいことである」と気付く。

(六) 学内で知り合い、仲良くなったP君とそのフィアンセの話も紹介しましょう。

「P君とそのフィアンセと名乗るカップルには、留学中実によくしてもらい、彼らの存在が私のオックスフォード留学をより楽しいものにした」。

「P君たちとはよくパブにも一緒に行った」「よく私の部屋に遊びに来てくれ」、P君は尺八を習い、フィアンセは日本のデザインに関心があった。日本語もいろいろ教え、「今でもいくつかの言葉をしばしば私への手紙の中で使用している」。

「Your Highness に当たる日本語も聞いてきた。そこで私は「殿下」であると教え、よせばいいのに天井の電気を指して、これはデンカではなくてデンキだから混同しないようにと言ってしまった。しまったと思った時は後の祭りで、彼らは私を指してデンキと言ったり、天井の電気を指してデンカと言ったりするようになってしまった……」

学生生活を堪能しているヒロの姿が目に浮かぶようです。と同時に、このあたりがチャールズ皇太子の好む「ユーモアのセンス」なのでしょう。

（三）

本書は、最初の三章に続いて第四章は「オックスフォードについて」述べ、以下「日常生活」「芸術活動」「スポーツ」「研究生活」「二年間を振り返って」「あとがき」と続きます。終章「二年間を振り返って」は「私の見たイギリスの人々」と「離英を前にして」に分かれます。

イギリスについて感じたこととして、まず「古いものと新しいものが実にうまく同居しているように見える」。

「古いものを大切にしながら一方では新しいものを生み出す「力」の蓄えが感じられる」。「オックスフォード大学入学式での服装といい、ラテン語で行われる式の進行といい、荘厳な儀式の中に数百年にわたって継承されている伝統を感じる」。

コレッジ制度をとってみても、そこに息づく歴史を感ぜずにはおられない。「しかし、専門分野を異にする学生が寝食を共にし、知的好奇心を刺激し合う機会に恵まれていることは素晴らしい」として、新しいものに挑戦する国でもあると認識します。

次いで「常に長期的視点に立って物事を考えているように感じている」と述べ、他方で私たち日本人は、とかく目先のことにあれこれとらわれてしまい、長期的視点で物事を考えるのがあまり上手ではないように思うとし、その理由の一つに、木の建築と、年月のかかる石の建築の中で日々を送る違いもあるのではないか、と考えます。

第三に、「日本とイギリスにおける「プライベート」ということに関する考え方の相違である」。

イギリス人はプライベートな時間、生活、空間をひじょうに大切にする、話をしていても、ある部分までは自分のことについて話すが、あるところから先は他人の踏み込めない領域があるように感じるという印象を述べます。

第四に、そうは言っても、社会的な人間関係に巧みで、障害者などの弱者に対して優しい社会であるとも指摘し、以下の実例も紹介します。

「私がマサイアス先生の講義を聞きに（略）行っていた学期、前をしゃべりながら歩いている学生たちが、すうっと脇によけ、空間を作ることがあった。何かと思うと、その中を白い杖をついた学生が背筋をピンとのばして通っていく。（略）オックスフォードの町を歩いていると、体に障害を持つ人々が堂々と振る舞い、生活しているように思う。そして彼らも、見事に町の中に溶け込んでいるように感じるのである」。

そして最後に、「二年間の間に「光」に対するイギリスならびに大陸の人々の感じ方を垣間見たように思えた」と記します。彼らの冬が寒く、どんよりとした日が多く、寮の部屋も底冷えがしたこと、それだけに「イギリスの春は美しい」こと。暖房のきいた日本での生活を懐かしく思うこともあったし、日本と多少異なる季節感や「光に対する強い憧れ」についても考えます。

次いで「離英を前にして」です。

最終学期になったある日のチュートリアルで、マサイアス先生から、残り時間はこれから加速度的に少なくなり、最後は打ち上げ花火のように終わるだろう、と言われます。

この言葉を聞いてヒロは、残された日々や仲間との会話を含めて「どんな小さなことでも、その一つ一つが非常に大切なもののように思えた」と感じます。同時に、修士論文の仕上げに忙しい中を、「歩き慣れた道や私の好きなスポットを、もう一度確認し、写真を撮りながら歩いてみた」。次回訪れるときは、自由な一学生としてこの町を見て回ることはできないだろうと考えると、「妙な焦燥感におそわれ、いっそこのまま時間が止まってくれたらなどと考えてしまう」。

仲間の開いてくれた送別会では、「私が、楽しく――おそらく私の人生にとって最も楽しい――時期を送られたのも、彼らの協力と心遣いがあったればこそである」と別れの寂しさを思います。

そしてこの二年間、実に様々なものを学んだと痛感します。「この経験の中には、自分で洗濯したりアイロンをかけたりしたことももちろん入るが、英国の内側から英国を眺め、様々な人々と会い（略）、さらには日本の外にあって日本を見つめ直すことができたこと、このようなことが私にとって何ものにも代えがたい貴重な経験となった」。

そしてヒースロー空港から飛行機に乗って、遠ざかるロンドンの街を窓から眺めながら、「しばし心の中に大きな空白ができたような気がした。それとともに、内心熱いものがこみ上げて来る衝動も隠すことはできなかった。私は、ただ、じっと窓の外を見つめていた」と万感胸にせまる思いを伝えて終章を終えます。

最後に「あとがき」にも触れましょう。一九九一年に「ジャパン・フェスティバル」出席のため英国を再訪し、オックスフォード大では「はからずも」名誉法学博士号を受領、恩師や旧友にも再会しました。そして、尺八を吹く例の学生からパブに誘われ、夜のオックスフォードの通い慣れた道を踏みしめながら、少しも変わっていないと思い、「そこかしこにあふれんばかりの思い出がつまっていた。私はこれからもこの思い出を大切にしていきたい。そして、いつの日か再びこの地を訪れる日がくることを心待ちにしている」。

かつての若者はいま天皇に

(一)

英国留学がいかに充実した日々だったかを懐かしく回想する『テムズとともに』を著したかつての若者は、いまは天皇です。

そこで本章ではまず、令和を迎えた三年前を思い出しつつ(思えば、世界的な大流行となる新型コロナウイルス感染症の発生は、この年末でした)、海外とくに英国のメディアが天皇の交代をどのように取り上げたかを紹介したいと思います。二〇一九年五月一日の即位については、海外も大きく報じました。

戦後生まれの新しい天皇が「皇室と日本社会を一層〝近代化〟することを期待する」論調

が見られました。その前提として、留学先の英国でより自由で開かれた王室に強い印象を受けた筈だという理解があります。

英米の名だたる大学で学業を重ねた新しい天皇と皇后とが、一層〝国際的な志向〟を強めていくのではないかという期待もありました。

英米のメディアは二人の学歴を高く評価しており、〝Oxford educated Emperor & Harvard graduated Empress（オックスフォードで学んだ天皇とハーバードを卒業した皇后）〟と名付けて、強調しています。

英国の日刊紙ガーディアンに至っては〝Japan's anglophile new emperor（英国びいきの新天皇）〟という見出しを付けていて、こういった取り上げ方にやや「上から目線」と感じる向きもあるかもしれません。

新上皇も新天皇もともに、地味な学問分野についての研究者であるとの指摘もありました。上皇はハゼの、天皇は水運や環境問題の研究であり、国連で二度基調講演を行ったことも紹介します。これを読んで私が思い起したのは、福沢諭吉が明治十五（一八八二）年に著した「帝室論」です。福沢がここで「帝室」の在り方として強調するのは、「帝室は社外のものなり

（政治には関わらない）」、「一国の緩和力」である、そして「学術技芸」を奨励する存在、すなわち「文化の擁護者」となるべきということです。

上皇・天皇の二人が「社外のもの」かつ「一国の緩和力」であることはもちろんでしょう。加えて、「奨励する」だけにとどまらず自ら学術に励み、研究者の道を地道に続けている生き方は、諸外国の君主と比較しても高く評価できるのではないでしょうか。

そして最後に、どのメディアも取り上げたのが「女性天皇」「女系天皇」が認められない問題です。記事からは批判するというよりむしろ「信じられない」といった驚きのニュアンスを感じました。そしてそれが「天皇制の衰退」につながりかねないことをどこまで日本自身が認識しているかという問題提起につなげています。

ということで、新天皇の誕生について日本のお祝い報道とは少し視点が違うと感じた点をまずは紹介しました。

（三）

次に週刊誌エコノミストが、即位直前の四月二十七日号に載せた「君主制はいかにして現代を生き延びるか（How monarchies survive modernity）」と題する記事が目につきました。

個々の君主の資質が重要であるという視点に立って、退位する現上皇にきわめて好意的な内容です。記事は冒頭で、日本で近く新天皇即位の厳かな儀式が行われることに触れた後、「君主制がいま存在しないとしたら、新しく導入したいと考える人は誰もいないだろう」と書き起こし、以下に続きます。

君主制は、統治の正統性を理性や合理性にではなく、古くからの儀礼的な子供じみた物語に依っている。それは時に、性差別、階級、人種差別の象徴ともなり、多様性や平等、実力主義とは相いれない制度である。

だからこそ二十世紀には、革命や世界大戦を通して徐々に衰退に向かうと思われた。ところがその予想は外れた。二十一世紀に入って君主制が消えたのは、ネパールとサモアの小国だけ（その後二〇二一年に英連邦に属する小国バルバドスが共和国になった）。豪州のような名目だけの国や小国も含むが、他方で英国、オランダ、日本、デンマーク、スペイン、中東の諸国、タイなどで健在である。

何故か？

・殆どの君主が政治的な実権を持たない存在であること。権力が小さくなるほど、それを取り除く意欲は薄れるものである。

即位をニューヨーク・タイムズは　一面トップで報道

・しかも、弱く・貧しい君主制はすでに淘汰され、いまは中東やタイのように巨大な資産を有する君主が多く、それを制度の維持に有効に使っている。

・かつ、「アラブの春」の時のモロッコやヨルダンが好例だが、弾力性に欠ける共和国よりも穏健で、巧みな国家統治を行っている。

・民主主義への逆風が吹いていること。一九九二年にフランシス・フクヤマが「歴史の終わり」を主張したときには、リベラル民主主義の世界的な勝利は目前のようにみえた。しかし今世紀に入り、民主主義の進展は停滞し、反民主的な指導者が力を増している。

・ポピュリズムや社会の分断化が進んでいる状況下、英国のような民主主義国であっても、（福沢諭吉の言葉を使えば「一国の緩和力」としての）非政治的な元首の存在が再認識されている。英国のたとえ共和制支持者であっても、いまエリザベス女王に代えて例えばトランプ（前アメリカ合衆国大統領）のような人物に元首になってほしいと思う人はまずいないだろう。

このように君主制の存続に有利な状況もないではないが、しかし依然として脆弱な基盤に立っていることも間違いない。

共和制であればシステムそのものに合理性があり、国民主権による「交代」が制度化されている以上、個々人の倫理性・人格・資質は君主制ほど重要ではない。

君主制の場合、統治の正統性に合理性がなく、かつ君主自身が容易には「交代」しないこともあって、その存続は、はるかに大きく個々の君主の資質に依存する。

従って君主制では、継承の時点が重要であり、新しい君主への支持が同じように続くかどうかがきわめて重要である。この点でタイ、サウジ・アラビア、スペインの君主の資質については懸念がないではない。

他方で英国王室は、バッキンガム宮殿の国民への開放、税金の支払い、ヘンリー王子の黒人の血を引き離婚歴のあるアメリカ人女性との結婚を認めたこと、広報への細心の配慮など、

「近代化」への努力を進めている。しかしエコノミスト誌は、日本の明仁天皇はエリザベス女王以上に成功し、「革命的な」天皇であったとする意見を紹介します。彼は、
・宮殿の中で国民のために祈るだけではなく、自ら外に出て、国民に近く接した。時に跪き、彼らと語り合った。
・特に、障害のある人、高齢者、被災者たちに寄り添った。
・この国の「保守的な」政治家と異なり、「戦争中の日本の行為」に深い悔いを表明した。
・一九九二年には天皇として初めて中国を訪れ、第二次世界大戦の戦場を何度も訪れた。
・そして彼は、靖国神社には参拝しなかった。
・「保守的な」政治家はこのような天皇に憤慨した。しかし表立って批判することは困難だった。
・こういった言動を通して、天皇皇后の二人は、「倫理性（morality）」と「気品（decorum）」の模範となり、同時に宮中の伝統や儀式もきちんと守っている。国民の支持もきわめて高い。

他方で同誌は、天皇を支えるシステムや保守主義者の存在にはかなり批判的です。即位礼正殿の儀が行われた二〇一九年十月二十日の直前のエコノミスト誌十月十九日号は、「〝堅固

な亀の甲羅〃の奴隷（Slave to the tortoise shell）」と題する記事を載せました。

――「息苦しい官僚制と慣例のため、新天皇は宮中にいても囚われの身のようだ」という小見出しに続いて、彼のオックスフォード留学時代に触れます。

――そして彼はマートン・カレッジで二年間を過ごして、帰国後書いた『テムズ川と私』（英訳の題名）と題する回想録に、「おそらく私の人生でいちばん楽しい時間を過ごした」と述べた。しかしこの本の出版を宮内庁は望まなかった。読者を「馴れ馴れしさ（familiarity）」と「冷やかし（ridicule）」の気持ちに導くのではないかと懸念したのである。

ことほどさように、彼の英国での楽しい日々が日本で再び日の目を見ることはないのではないか。代わって彼はいま、格式と神秘に包まれ、規則と伝統に縛られている。その点は新皇后も同じで、皇太子妃時代に、最初の記者会見でほんの少し夫より長く話したことや公衆の前で一歩前を歩いたことで注意された。

日本のメディアもこのような約束事に概して同調しており、夫妻の婚約（一九九三年）も、皇太子妃時代の適応障害（二〇〇三年）も、日本のメディアは知っていたにも拘わらず、最初に報じたのは外国のメディアだった。そして彼らの個人資産は比較的わずか（limited）である。個人資産の殆どは戦後国家資産に没収された。宮殿も住まいも国有であり、その運営管理費も国家負担である。専門家の推定では、上皇夫妻が天皇であった当時の私的活動費は年に五百万円である。これでは欧州のような〝プレイボーイや向こう見ず〟の王子や王女たちが生まれる可能性はないだろう――。

といった話題を取り上げます。その上で、現上皇が天皇時代に、皇室の時代遅れの決まり事に控えめながら抵抗したと伝えます。即ち、二〇一一年の津波と原発事故の後、天皇として初めてテレビで国民に語りかけた、遠回しにではあるが（albeit obliquely）日本の平和主義の象徴である憲法九条を改正したいとする当時の首相に疑問を投げかけた、二〇〇一年には記者会見で遠い祖先が韓国人であることを持ち出した、最近では明らかに消極的な政府を説得して、退位を可能にする法律を成立させた……。しかし、新しい天皇が近代化を望んでいるか、それが可能かについては分からないとし、今の硬直化したシステムが天皇を歴史遺産にしてしまう危険もあることに懸念を示しています。

一方で現上皇への高い評価と新天皇への期待があり、他方でこの二人を支えるシステムの保守性・閉鎖性を憂うる、エコノミスト誌の二つの文章の違いを興味深く読みました。

ちなみに『テムズとともに』に話を戻すと、本書の出版を宮内庁が望まなかったという指摘が事実かどうか、私は知りません。

そもそも、回想録を執筆したこと自体知りませんでした。記事から、日本での出版は反対されたが英訳は出たと誤解して、それならと英訳を読んだのです。しかし、その時は気づかなかったのですが本書は、学習院大学の「学習院教養新書」から出版されており、本稿を執筆するにあたり、遅まきながら十八歳の青年親王の肉声に活字を通して接しました。

それにしても、この本のどこに宮内庁が望まない内容が含まれているのか、理解できませんでした。エコノミスト誌が推測するように「馴れ馴れしさ」と「冷やかし」の気持を国民に起こさせる心配でしょうか。むしろ、失敗しながら洗濯機の扱い方を学んだり、ディスコやパブで楽しんだりする日々を温かく想像する読者の存在、それこそ彼が願ったことではなかったでしょうか。

(三)

他方で英国では、本稿執筆中の二〇二二年九月八日、エリザベス二世が死去しました。直ちに皇太子がチャールズ三世として即位しました。

女王は、つい三カ月前に即位七十年のプラチナ・ジュビリーを祝ったばかりでした。この慶事を迎えるにあたって、六月二日付のエコノミスト誌は論説でこう触れました。

——四日間のお祝い自体はばかげたものである。しかし「英国史上最長七十年の在位は決して小さな出来事ではない」。

一八六〇年から十七年本誌の編集長を務めた政治思想家のウォルター・バジョットは、英国憲法は二つの「部門（branch）」から構成されると指摘した。すなわち、君主が「威厳と品位（dignified）」部門を、議会と政府が「機能的な（efficient）」部門を担当する。

いまこの国の政府は「機能的」とは言い難く、スキャンダルと内向き志向に明け暮れている。それだけになおさら、女王が体現する継続性とコンセンサスの意味は大きい。女王の長寿は、他の制度が弱体化しても国家が継続していることの象徴であり、コンセンサスについて言えば、十人に八人の割合で、あらゆる年齢層の英国人が女王に好意的である。社会が分断化し、幅広い合意がまれになっている今日、君主制についての意見がどうあろうと、大きな成果といえるだろう。——

今回の君主の交代に当たっても、九月十七日付の同誌は「何故、君主制は大切なのか」と題する論説を載せました。基本的な論旨は変わっていません。

君主制は時代錯誤である。正当化されない、生まれながらの特権に根ざした制度であり、本来なら本誌が時折想像したように君主制への支持はエリザベス二世のもとで揺らぐはずだった。ところが、繁栄した。このことは、彼女の後継者や他の民主主義国にとっても教訓を与えてくれる、というものように留保条件から始まりつつ、肯定的な論に及びます。

繁栄の理由としては、女王自身の個人的な資質と努力、「偉大なるかつての編集長バジョット」の指摘、立憲君主制が継続性と伝統の保持の観点から大統領制に勝る利点を備えているという三つをあげます。

そして最後に、新国王チャールズ三世を待ち構える前途は多難である。しかし、「幸運にも女王が道筋を示してくれたのだ」と結んでいます。

このように、この国では、「威厳ある」部門の特性が簡単に変わることはないというのが大方の見方だろうと思われます。そしてそのことは同時に、君主制と並立するもう一つの「部門」である議会と政府についての特性を思い起す大切さも意味するでしょう。「民主主義の基本は健全な政権交代にある」という信念です。

君主たる「威厳・品性」部門は「安定と統一」の役目を果たし、他方で、「機能的」部門（議会と政府）は政権交代によってチェック・アンド・バランスを機能させる、この二つがあいまって国が動いていく、これこそがバジョットの考えた英国憲法と英国流民主主義の理想であると考えます。

終わりに——君主制のこれから

かつての若者いまの天皇のこれからについては、どう考えたらよいでしょうか。日本の研究者の言説を紹介しましょう。サントリー学芸賞を受賞した『立憲君主制の現在——日本人は「象徴天皇」を維持できるか』（君塚直隆、新潮新書、二〇一八年）です。

本書は、「はじめに」で、「二一世紀の今日ではもはや「時代遅れ」とみなされることも多い、国王や女王が君臨する君主制という制度を、いまだに続けている国々の歴史と現状を検討していくことを目的としている」と述べ、その際に議会制民主主義にもとづく「立憲君主制」をキーワードにします。

そもそも「君主国」はいまどのくらいあるか。中東のような「王朝君主制」も含めて、二〇一七年現在、国連加盟国一九三のうち、「日本も含めると二八ヵ国となっている。これにイギリス女王が国家元首を兼ねる「英連邦王国」十五ヵ国をあわせても四三ヵ国であり、国連加盟国の五分の一に過ぎない」。すなわち著者は、「自国の君主を戴く君主国」と、オーストラリアやニュージーランドのようなエリザベス女王を元首とするいわば名目だけの英連邦王国とを区別して考察します。その上で、「君主制を採る国は少数派となっている」。それにも拘わらず、とくに立憲君主制において国民が豊かに暮らしている国が多いことを指摘します。

「国際通貨基金（ＩＭＦ）が発表する二〇一五年度の「国民一人あたりの国内総生産（ＧＤＰ）」のランキングで上位三十位に入る国のうち、第一位のルクセンブルク大公国を筆頭に実に十三ヵ国が君主制を採り、英連邦王国も含めればその数は十七ヵ国に及んでいる。（略）「社会福祉の充実」という点から考えてみても、その先進国はスウェーデン、ノルウェー、デンマークといった、いずれも北ヨーロッパの君主国なのである」。

さらに、「国民統治の面でも、君主制が共和制に劣っているとはあながち言えないかもしれない」として、以下の逸話を紹介します。

――第二次世界大戦の末期の一九四五年七月、連合国の首脳がベルリン郊外のポツダムに集まった際に、アメリカの海軍長官ジェームズ・フォレスタルが「天皇制」を廃止すべきか否かについて、労働党出身のイギリスの外相アーネスト・ベヴィンに尋ねた。

そしてベヴィンは次のように語ったとされる。

「先の世界大戦（第一次大戦）後に、ドイツ皇帝の体制を崩壊させなかったほうが、われわれにとってはよかったと思う。ドイツ人を立憲君主制の方向に指導したほうがずっとよかったのだ。彼らから象徴を奪い去ってしまったがために、ヒトラーのような男をのさばらせる心理的門戸を開いてしまったのであるから」。――


本書はこれらの点に触れた「はじめに」のあと、続く本論では、立憲君主制の各国の現在を丁寧に説明します。イギリスに大きく紙数を割き、北欧、ベネルクス三国、アジアの君主制についてそれぞれ独立した章で取り上げます。

そして終章「日本人は象徴天皇制を維持できるか」の中で、次のように述べます。

「立憲君主制の存続は、君主自身の個性にも基づいているが、その君主を取り巻く側近や政府、さらには国民が、この制度の優れた特質を理解し維持しようとする「成熟した」環境にある限り、二一世紀の今日においても充分に保証されていると言えるのではないだろうか」。

「もちろん君主制のあり方は一様ではなく（略）、日本の皇室にも独自の文化・伝統に根ざした君主制のありかたを模索する必要がある。それでも、そのような新しい時代の風を敏感に感じ取るのは、つねに「国民とともにある」ことによってのみ可能となろう」。

「おわりに」には以下のような一節もあります。

「本書で扱った「君主制」という制度は（略）、人類の有する制度のなかで最も古く、恒久性があり、それゆえ最も光栄ある制度のひとつである。（略）二一世紀に入ってから混迷を深める国際情勢を見るにつけても、必ずしも君主国の方が「古くさい」「不安定な」状況にあるとはいいがたい。むしろ君主制とは最も古くて最も新しい制度ではないだろうか」。

「最も光栄ある制度の一つ」であり「最も新しい制度ではないだろうか」と言われると、いささかためらいを感じる人も多いかもしれません。

前章「かっての若者はいまは天皇に」で要約したエコノミスト誌の記事「君主制はいかにして現代を生き延びるか」は、もう少し醒めた見方をしているようです。この要約を事前に読んでくれた友人の向坂勝之氏からは以下のコメントを頂きました。

「記事は冷静ですね。君主制がいずれ地上から無くなるということは、他ならぬ君主たち自身が最もよく理解しているでしょう。しかし人類は未だそこまで賢くはなく、しばらくは君主制が残らざるを得ないということも。前天皇（上皇）は、戦争責任を負ったまま戦前の姿勢を基本的に維持してきた昭和天皇とは大きく違い、その点ではまさに「革命的」であったと思います。しかし日本の君主制は世界の潮流からは取り残されたもので（女性、女系天皇を認めないのはその最たるもの）、これを改めない限り他の君主制より先に消滅するでしょう。だが天皇自身にその改革の力はなく、国民の意を受けた国会にしか出来ない。日本人はどうするつもりなのでしょう？」

前章で、徳川義宣氏の「殿下の〝人間宣言〟」と題する文章を紹介しました。筆者は、「象徴とは、人間でなければならない」、それを、自らの意思で結婚相手を選ぶ決意を貫き通した当時の皇太子の言動から教えられた、と書きます。このような「人間らしさ」をこれからも発揮してほしいという、長年の親しい友人の思いが伝わってくる文章です。

六十年以上昔の徳川氏の思いはいま果たして実現されているでしょうか。発揮できるためには、君塚教授の言う「成熟した環境」が必要ではないでしょうか。

それは例えば、新天皇が、かつて英国で味わったようなヴィオラの担当者としてカルテットを組んで演奏するとか、好きな学問・研究を続けるといった機会が可能となることを意味するでしょう。そして、国民一人一人の自由と幸せを願う彼自身の気持ちとつながる路でもあります。

もう少し広い視点で捉えれば、天皇制の特殊性や神秘性をあまりに強調せず、むしろ英国をはじめとする他国の立憲君主制とさして変わらない姿を目指すべきだと私たちが意識する大切さではないかと思います。

ということで、「古くさい」と言われるかもしれませんが最後に、私自身の過去のささやかな体験を披露させて頂きます。ロンドン勤務時に、ギルドホール（旧市庁舎）で開催された、日英合同の民間人が出席するブラックタイの晩餐会に参加したことがありました。食事に先だって主催者が出席者に杯を持って立ちあがるように依頼し、「女王に（To the Queen）！」と杯をあげ、全員が唱和しました。次いで、今度は「天皇に（To the Emperor）！」と杯をあげ、また全員で唱和し、それが終わると着席し、晩餐が始まりました。

もう三十年以上昔の出来事なので、いまもこんな儀式が続いているかどうか知りません。しかしこの時は、その場の英国人と日本人とがより親しくなったような快い瞬間だったなといまも記憶しています。

「南洋」・「戦争」そして父
――古手紙整理してをり亡き人の手紙はことにしみじみとして――

――上田三四二

父の手紙と昭和の戦争

(一)

人生の店仕舞いの年齢ともなり、かねて身辺整理の必要を痛感していました。整理しないといけない私物に書信があります。生前の母が海外に暮らす私に書き送ったものなど、なかなか捨てられません。手許には、母宛てのものもあります。例えば、学校時代の同級生で親しかった秩父宮勢津子妃からの手紙です。

昭和二十年八月、広島の中国地方総監府に勤務していた父川本邦雄は原爆のため四十二歳で死去し、母は五人の幼い子供を抱えて突然寡婦になりました。そのことを知った勢津子妃からの、友人の悲しみを労わり励ますお悔やみ状もその中の一通です。巻紙に毛筆で書かれた心のこもった手紙を、母は生涯大事にし、最後まで捨てられなかったのでしょう。

私が居なくなったら散逸してしまうだろう、どうしたものかと考えていたところ、一年前の雑誌「あとらす」に勢津子妃の回想録『銀のボンボニエール』（主婦の友社）を紹介する機会があり、その中で手紙の存在にも触れました。秩父宮夫妻が宮の療養を兼ねて晩年を過ごした御殿場の住まいがいま記念公園の一部として保存されており、記念館もあります。思い立って公園の園長に「あとらす」を送り、連絡を取ったところ関心を持ってくれて記念館で預かろうという話になりました。私信ではあるが内容的に問題なく、特別展を開催する際は展示を考えようとも言ってくれて、母も喜んでくれるかなと安堵しているところです。

母宛てには、父の手紙もあります。全て海外からです。これはいずれ処分するしかないだろう、それならこの機会に、父が生前書いたその他の資料とともにもう一度読み返し、文章に残しておきたいと考えるにいたった次第です。ということで今回は私事が多く、一般向けではない内容になることをお許し下さい。

なお、手紙や著書などの引用にあたっては読みやすさを考慮して適宜現代仮名遣いなどに改めました。現代では不適切な表現もありますが、そのまま引用した場合もあります。年代の表示にあたっては適宜、元号と西暦とを併用し、使い分けました。

*

明治三十六（一九〇三）年生れの父は昭和の初め、大学を出て役所勤めを続けました。広島に赴任する前、三十代の半ばからは、「海外における移民・植民・および海外拓殖事業に関する事務を管掌する」拓務省の南洋課長をしていた時期がありました。

当時、「南洋」という言葉が使われました。拓務省南洋課の所管地域は、ほぼ現在の東南アジア諸国（以下の括弧内）に当たる、仏領インドシナ（略して「仏印」、現在のベトナム、ラオス、カンボジア）、英領マラヤ（現マレーシア）、英領シンガポール、米領フィリッピン（ただし、すでにアメリカから将来の独立を約束されていた）、オランダ領東インド（略して「蘭印」、現インドネシア）、英領ビルマ（現ミャンマー）などを含みました。独立国だったタイを除いては、英米仏蘭の「植民地」ないし「海外領土」でした。

戦争前から日本はこれらの地域と経済交流があり、当時約四万人の日本人が居住していたそうです。農業・水産・商業が主だったが、ゴムや麻の栽培、豊富な鉱物資源の開発に関わる企業も進出していました。父は現地の日本人の活動を調査し、この地域と日本との結び付きを深めるにはどうしたらよいかなどの事務を担当していたのでしょう。課長時代に二度出張する機会があり、滞在は延べ九ヵ月になります。

最初は、昭和十三（一九三八）年八月から三ヵ月、フィリピン、蘭印のボルネオ・ジャワ・スマトラの三島、英領マラヤ、タイ国の各地を視察し、二度目となる最後は「第二次日蘭会商」の随員の一人として昭和十五（一九四〇）年九月から半年、バタビヤ（ジャワ島にあり、現在のインドネシアの首都ジャカルタ）に滞在しました。

これらの海外経験で得た知見や体験をふまえて、「南洋」についての文章を専門誌に載せたり、雑誌が企画する座談会に参加したり講演をしたりした記録が、数多く国会図書館に保存されています。昭和十七（一九四二）年には、『南方への指標』（朝日新聞社）、『大南洋の話』（偕成社少年少女文庫）という二冊の著書を出しました。

父は海外出張に当たって、船上や滞在先のホテルから、妻や子供たちにまめに手紙や絵葉書を書いたようです。それらの多くは空襲で東京の家が全焼した時に失われ、母は九通を何とか残すことが出来ました。広島で夫を失い、子供を抱えて疎開地を転々とする中で、それらを懐かしく、孤独な自分の支えとして何度も読み返したことでしょう。死後、遺品として私の手に移りました。

（二）

本稿を書き進めるに当たっては、私なりに太平洋戦争の歴史を振り返る必要があります。とくに、「戦争」に突入する前後の日本の南方進出の動きを中心に、簡単に理解しておきたいと考えます。以下は『大東亜共栄圏　帝国日本のアジア支配構想』（安達宏昭、中公新書、二〇二二年）と『資源の戦争　「大東亜共栄圏」の人流・物流』（倉沢愛子、岩波書店、二〇一二年）からの引用を主に、年度を追って整理します。父が参加した「日蘭会商」（注：「会商」とは交渉の意味）の記述もあります。

（一）一九三九年九月、ヨーロッパで第二次世界大戦が始まる。「当初、大きな戦闘はなかったが、日本の貿易に与えた影響は大きかった」。

「一九四〇年春にドイツは攻勢に出た。オランダを占領し（オランダはイギリスに亡命政府を樹立）、フランスを屈服させて親独政権をつくった。日本はこれを蘭印と仏印の両地域に進出する好機と捉えた」。

（二）「第二次近衛文麿内閣はヨーロッパでの戦争への不介入政策を大きく転換させ、東南アジアへの進出を強めた」。

一九四〇年七月二六日には「基本国策要綱」を閣議決定した。「八月一日、松岡洋右外相はこの要綱について説明する記者会見で「当面の外交方針は大東亜共栄圏の確立を図ること」と述べ、その範囲を「広く蘭印、仏印等の南方諸地域を包含し、日満支はその一環である」とした。ここで初めて大東亜共栄圏という言葉が登場する」。

(三)「九月二七日に日独伊三国同盟条約が締結され、日本は独伊のヨーロッパでの新秩序建設における指導的地位を、独伊は日本のアジアにおける新秩序建設における指導的地位を相互に認めた。(略) 実体は、世界再分割の協定だった」。

(四) これに先立ち日本政府は、八月一六日「南方経済施策要綱」を閣議決定した。

「その基本方針では、南方への経済政策について日本を中心とする経済自給圏の完成にあると謳っていた」。

具体的には、まずは重要物資を確保するための各地域からの輸出保障、次いで南方地域での日本企業の活動に対する制限の撤廃と鉱業権その他の企業権益の獲得、この「二段構えの政策」を採った。

(五) 一九四〇年九月には、「小林一三商工相を代表とした経済交渉、いわゆる第二次日蘭会商が蘭印のバタビアで始まった」。石油、ゴム、錫の対日輸出の拡大やオランダの鉱山会社の株式取得などが話し合われた。

「しかし、九月二七日の日独伊三国同盟の締結後、蘭印の態度は冷淡になっていく」。同年の一二月には元外相の芳澤謙吉が新たな代表となり、交渉は継続された。しかし、蘭印側のハードルは高く、翌一九四一年五月一四日の日本案に対する六月六日の回答は要求を大きく下回り、交渉は「打ち切り」となった。

(六)「結局、経済交渉によって東南アジアの戦略物資供給の中心地である蘭印を日本の経済ブロックに組み込み、経済自給圏を確立する試みは失敗に終わった」。

「こうして、日本は交渉から武力による威嚇で経済自給圏を形成する方向に大きく舵を切った」。

その第一段階として、同年七月二日の御前会議で南部仏印進駐が「確認され実行に移された」。

「しかし、南部仏印進駐は、アメリカの反発を招き、在米資産の凍結と石油の対日禁輸の措置を受け、蘭印もアメリカの行動に同調して資産凍結と民間石油協定を停止した。経済封鎖を受けた日本は、武力により南方地域を占領し企業進出を実現して、排他的な経済自給圏をつまり大東亜共栄圏の形成に走ることになる」。

(七) この時期には、「日本にとっては戦争という武力的手段による資源獲得以外の選択肢はほぼありえなくなっていた。一応ワシントンでアメリカとの外交交渉が続けられていたものの、日本国内では南方侵攻作戦を想定して軍の編成が進められ、また英米蘭の本国およびその植民地の在留邦人に対しては引き揚げ勧告が出された。しかし、引き揚げが完了しないうちに、一九四一年一二月八日の開戦を迎えることになったのだった」。

そして、「日本軍は、短期間で資源豊富な英領マラヤや蘭印などの東南アジア地域を占領した」。蘭印について言えば、「日本軍は一九四二年一月一一日に攻撃を開始する。(略) 二月中旬までにスマトラ島、ボルネオ島などを占領し、(略) ジャワ島に三月一日から侵攻を始め、九日に蘭印軍を降伏させた」。

手紙そして『南方への指標』

（一）

二回の「南洋」行きで書かれた父の手紙に戻ります。

一回目は昭和十三（一九三八）年、三十五歳の彼にとって初めての「南洋」旅行でした。手紙には、見るもの聞くものすべて珍しい、新しい土地を歩く初体験の思いが素直に語られます。

例えば、「家は一体に床が高く出来ている。日本の二階がこちらの一階に相当する。それからどこの家に行っても必ず天井にヤモリがはい回って虫を追っている」とか、「熱帯の果物がたくさんある。ことにドリアンを食べずして南洋の果物を語るべからずとかで毎日出てきたが、始めはちょっとへきえきした」や、「食事は洋食と日本食が半分ぐらい。領事館や日本人会が歓迎会を開いてくれて日本食にも与ったが、缶詰類が多い。餅も缶詰、漬物も鰻もみな缶詰だ」など留守宅の妻に伝えます。

現地に進出している日本人の活動を視察し、これらの地がこれからの日本にとっていっそう重要であることを確認するのが出張の目的ですから、あちこち精力的に移動し、フィリッピンのダバオに五泊、英領北ボルネオ（現マレーシア）のタワオには二週間近く滞在しました。海外で苦労しつつも熱心に活動している在留日本人へのまなざしが妻にも報告されます。

開拓農地や水産会社、ゴムやマニラ麻を栽培する会社などを見て回りました。ダバオとタワオには拓務省から派遣された技術者が駐在していました。ダバオには日本人が二万六千人いて、活況を呈している、日本人学校が十二校もあるが、施設は劣り、遠くから通う生徒もいて治安を懸念する声もあり、日本政府の支援が必要と思うと述べます。

タワオでは、ゴム会社の支配人宅に滞在しました。「日本人の農地は全部廻ってみた。方々に広く散在しているので、自動車か海岸に近くランチ（小型の蒸気船）に揺られて行くか、又は徒歩で行くかだ。ある時は、ジャングルの中を一時間ばかり雨にぬれながら歩いたこともある。このジャングルの中には山ヒルがいていつの間にか身体についてきて血を吸うのだ。（略）またこの地方を廻っている間に猿の自然に群れ遊ぶ姿やリスが梢をわたり歩く風景や、珍しい鳥の鳴き声や異様な姿ではい廻る大とかげなど南洋特殊の自然に接することが出来た」。

ボルネオ水産会社の漁業根拠地はタワオから六十海里離れた沖合のシアミル島という島にあり、彼は漁船で六時間かけて訪れて一泊しました。そこで「日本人の女工が六十人余り居る」ことに驚き、「こんな所に迄来て日本人が開拓事業に心魂を打ちこんでいるのだ」との感慨を洩らします。

そして、彼らが語ってくれた物語を「林房雄にきかせたら立派な小説にするだろう」と書きます。林房雄は当時知られた小説家で父と旧制高校時代の友人でした。

いまシアミル島はマレーシア有数のリゾート地で、日本人の若者にも人気の高いダイビングのメッカとのこと。父の手紙には、「周りの海を一周したが、海底が透き通って見えて実にきれいだった。竜宮城の絵そのままだ。サンゴ礁の林の中に踊り舞う種々の魚の姿が美しく陽光に映えて、手にとる様に見える」とあります。また、「昼食には船で釣り上げたばかりのカマスを刺身と塩焼にして出されたが実にうまかった。今日までの旅行中では一等おいしかった」とも。

＊

次は、二年後の昭和十五（一九四〇）年秋から翌年三月まで、「第二次日蘭会商」の一員としてバタビヤ（現ジャカルタ）に向かう船上や滞在したホテルで書かれた手紙です。

その中で、バタビヤ到着早々の十月十七日付の手紙の内容は他と大きく異なります。この年の五月、本国オランダはナチス・ドイツの攻撃を受けて降伏し、これを受けて蘭印では戒厳令を布いて同地でのドイツ人の動きに警戒を強めていたところ、九月には三国同盟が締結され、日本はドイツの同盟国になりました。蘭印政府は戒厳令に基づき、日本人の手紙類の検閲も実施したようです。

他方で、日蘭会商の開始直後、到着したばかりの随員の一人石本五雄少将が、敗血症のため不慮の死を遂げます。そこで某随員が、同氏の遺骨を日本に持ち帰る役目を担いました。父は、一時帰国する彼に妻への手紙を託しました。ですからこの便りに限っては検閲の心配なく書くことが出来たのでしょう、滞在先のホテル宛てやホテルから出す手紙は検閲されるから「日本の事情を知らせるようなことは書かないがよいと思う」と妻へ忠告し、「自分からも時局のことなどは書かない」と知らせます。

加えて、首都バタビヤが緊張した雰囲気にあることも伝えます。
・「大部分のオランダ人は、「オランダは再び立ち上がる」とオランダ語で書いたマークを胸につけ、自動車にも付けている」。

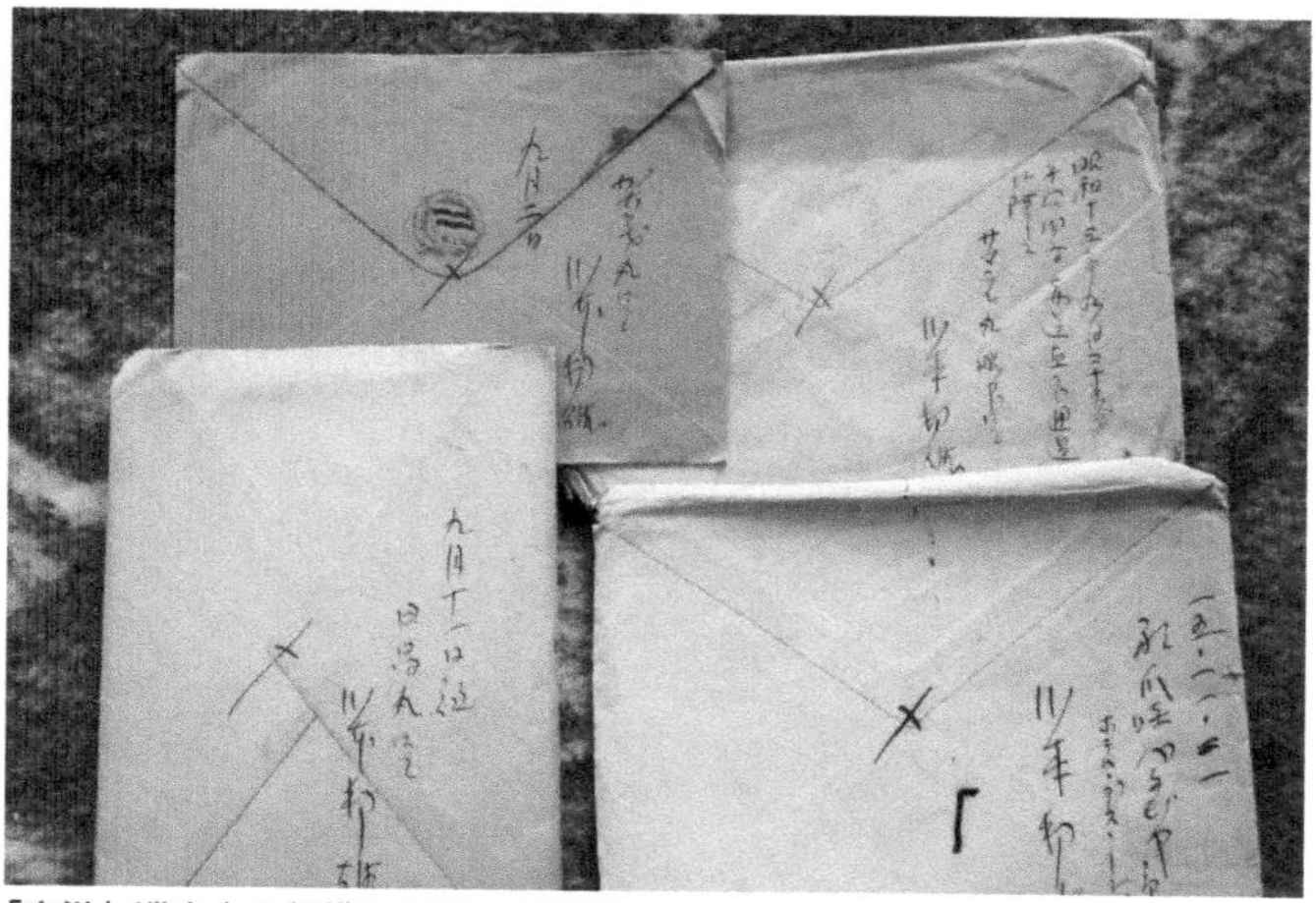
「南洋」滞在中の邦雄から妻への手紙

・「映画館に入ると最初に必ずウィルヘミナ女皇（当時のオランダ国王）の御写真を映し国家を吹奏する」。
・「ドイツのスパイに対する防諜宣伝を行っている」。
・「例えばあるバーでオランダ人の青年と海員とが何か話込んでいると、その後ろでヒトラーの顔をしたボーイがこれを聞き込んでいる絵をかき、注意せよ！　とかいてある」。
・そして、「少しばかりの広場にも必ず防空壕を用意してある。どういう目的か日本人が確かめたところ、あるオランダ人は「曰く言い難し」と答え、他のオランダ人は「言わなくとも分かっているのではないか」と答えた由」。

バンドンよりバタビアに到着。右が川本邦雄（昭和13年）

大戦当初のドイツは破竹の勢いで欧州を席捲しており、他方で前述の「年表」にもある通り、松岡外相が「大東亜共栄圏を確立し、そこに蘭印も含まれる」という、いわばよその国に手を突っ込む発言を行っていた時期ですから、日本に対する蘭印政府の警戒心は徐々に高まっていたでしょう。

しかし、他の手紙は滞在中のホテル・デ・インデスから投函されたものです。「なかなかの大役をおおせつかり責任重大を痛感」と感慨をもらし、「相変わらずのホテル生活をどう過ごしているか、「週末も各地を旅行して見聞を広めている」、「先に帰国する人もいて、祖国を思うこと切なるものあるが、今のところ何時帰れるか全く見込みつかず」「子供達の手紙を懐かしく読んだ。みんな元気でいてくれ」といった内容が主になります。

随員同士の交流にも触れて、部屋が広いので、一種の「社交部屋となっている」。オランダ人とのいろいろな交流もあったようです。日蘭両国の関係はすでに緊張していたとはいえ、まだ戦争状態にはなく、交渉中の相手であるという仲間意識も働いていたのでしょう。

滞在三ヵ月を越えた昭和十六年一月二日の手紙があります。

「十二月に一週間、病気にかかり、しばらくは元気がなかった。この間は寝たり起きたりの状態が続いた。熱帯で病気になるとなかなか回復が遅い。現地人の給仕（ジョンゴスと呼ぶ。英語ならボーイ）相手では思う様に行かぬので、床屋のおばさんが時折やって来て色々と親切にしてくれた。日本旅館からオカユもとって食べた。（略）南方にあるスカブミという避暑地にも行って静養したのがきいてよほど元気がでた」。

大晦日や新春風景についても伝えます。「ホテルでは昨晩から今朝にかけて大変な賑わいで、夕食も相当馳走があったが、十時過ぎからダンスが始まった。白人の一流どころは大抵このホテルに集まる。ちっとも戒厳令下らしくない」。

残された父の最後の手紙は、同年一月十七日付です。

ホテルでは洋食ばかりで「ミソ汁が恋しい」、夕食は三日に一度は中元という支那料理屋でとり、「安くてうまい」。そして「最後まで頑張るつもり」といった文言や、帰国に際しての土産の相談など、差し障りない内容に終始します。「バタビヤに居住する日本人は四百人ぐらいと少なくなりつつある」と伝える箇所に、わずかに時局の変化を感じさせます。

（二）

父はバタビヤから帰国して一年以上経った昭和十七（一九四三）年五月、『南方への指標』という著書を朝日新聞社から刊行しました。

刊行は太平洋戦争が始まって五ヵ月後、蘭印はすでに日本軍が占領して軍政下にあったため、「蘭印」に代えて「インドネシア」という呼称で統一されます。

また、二百八十頁の半分以上が、日蘭会商を含めて、インドネシア関連の記述です。

そして「序文」には、これまで、南方政策に関する私見や、南方における邦人活動の状況やその他一般の事情について、書いたり喋ったりした。そこで今回、「これらを取りまとめ、新しき事態に応じた修正を加えて上梓し、わが南方政策の辿り来った荊の途を回顧したいと思う」とあります。つまり戦争前から発表した小論も含まれます。

本文はまず第一部「一般事情」の記述があり、「宝庫南洋の展望」と題する文章から始まります。

「かつてオランダのある学者が、オランダ国民にしてもし滅亡するが如きことがあったならば、後世の歴史家は、オランダが残した事業の中から、必ずつぎの二つの名前を選ぶ事を忘れないであろうといった。曰く画聖レンブラント、曰くインドネシア地方と。

（略）まことにその本国に五十八倍の面積を有するインドネシア地方は、オランダに取っては何物にも代えがたい宝庫であった。オランダがヨーロッパにおいて、比較的裕福な国として経済的に平和な生活を送り得たのは、実にインドネシア地方を植民地として有っていたために外ならない」。

バタビアで執務中の川本邦雄

そして続けて、

第一に、（インドネシアに限らず）「外南洋」一帯が資源に恵まれた「宝庫」であり、無尽蔵の資源の開発はこれからの課題であること。

第二に、地理的に近いにも拘らず、在住の日本人も日本からの投資資本も「余りにも少ない」こと。この地に投下された農業、鉱業関係の資本は推定約八十五億円だが、オランダ六十五億、英国十五億に対して「我国は僅かに二億円」である。「海外在留同胞」の総数は約百二十万人だが、満州、南北アメリカ、中国でほぼ全てであり、外南洋は四万人に過ぎない。

第三に、その理由として、欧米の植民地であり、入国、企業経営、営業や商品輸出の上で、色々な障害が加えられている。

最後に、にも拘わらず少数の日本人は長年にわたって、苦難を伴いつつ移住し、経済活動や開発に取り組んできた。

と総括した上で、昭和十三年の三ヵ月の出張で見た南洋各地での日本人の活動に触れます。例えば、「一般事情」中の「私の視たフィリピン」では四十頁にわたって日本と同国との長い歴史から始め、邦人の活動を伝え、苦難を思います。

「比島第一の高山アポの秀峰を望見しつつ、黎明をついて賀茂丸がダバオ港に入った時、これが三十余年にわたる邦人苦闘の地かと私は食い入るように湾内の風景を眺め、一種いうべからざる緊張の気にうたれ、感慨一入深いものがあった。三十余年の間には四千に近い同胞が異郷の露と消え去ったのであるが、その中約八百人は蛮族の犠牲となった人達である。（略）ダバオの麻耕地には、かような悲運に会ったわが同胞の尊い血が流れているのである」。

川本邦雄の著書二冊

＊

「論叢」と題して、南洋の現状や日本の政策について専門誌等に発表した小論十篇も再録されます。幾つか紹介します。

（一）「雑誌「蘭印情報」に寄す言葉」から

――「日本の南洋に求むるものは、真に平和的手段による経済的提携と、文化交流による親善握手とであって、これは日本人の誰しもがそう信じている所である」（昭和十二年九月）。

（二）「南方拓殖政策について」

――「南方諸地方の有する特異性の一つは、その大部分が欧米諸国の植民地である事である。（略）対南方政策は対英外交であるともいいうるのである」。

――「共存共栄を理想として、共存共利を図るように」。「合弁組織」や「先方における経済諸機関との協力」が大切。そして「住民大衆に就労の機会を与えることに留意せねばならぬ」（昭和十三年七月）。

（三）「南方への再認識」

――「英米仏を「持てる国」と呼ぶのに対して、日独伊等を「持たざる国」と呼ぶことが世界の常識となった」。

――「南洋の資源はまことに豊富である。（略）資源開発の方法は（略）あくまで平和的に、経済的手段によって共存共栄を企図するのである」。

――「外南洋地方には、少なく見積もっても六百萬からの華僑がいて、非常に大きな経済的勢力を握っている。（略）日支両民族の握手提携は、（略）外南洋においても同様に実現させねばならない」（昭和十四年五月）。

（四）「南方発展への努力」

――「南方への平和的発展策を力強く推進して行くことが絶対に必要であることは、国民の常識化したといえる。（略）しかしながら円滑に進んでいないのは、帰するところ国際関係の複雑性にある」。

――「(わが国は)(略)南洋の資源を開拓しその利用厚生を図ることが、ひとりわが国のためのみならず、各主権国のためにも、原住民族のためにも肝要であるとの確信に基づき、(略)南方発展を要求しているのである」(昭和十四年九月)。

(五)しかし、このように、「平和的開発」「共存共栄」「華僑との握手提携」「原住民族のためにも」などを繰り返す父の論調は、以下の昭和十五年八月の小論「対南方拓殖政策の前進」では、「語調が強くなっている」と自ら認めています。

――「今や、「日・満・支を一環とし大東亜を包容する協同経済圏の確立」が、政府の基本国策要綱の一項目として発表せられ、外務大臣談には、「大東亜共栄圏の確立を期する」旨宣明せられている。

――「われらは先人苦闘の跡を偲びつつ、その血と涙に綴られた尊い体験を基とし、さらに飛躍的なる南方への発展を成し遂げねばならない」

このような文章を八十年以上経って読み返しています。そして、少なくとも昭和十四(一九三九)年までの文章からは、この地が欧米の植民地であることを認めた上で、日本も経済開発の一端を担いたいがあくまで平和的に実施すべきであるという、当時としては穏当な意見を述べていると思えるのです。

第三章　日蘭会商の「思い出」と「教訓」

（一）

本章では、『南方への指標』の中での、日蘭会商に関する記述を取り上げます。最初に、滞在中に見聞きしたことを記す「思い出」です。

（一）当時、蘭印は、国王に任命されたオランダ人の総督（チャルダ・スタルケンボルグ）が政治・経済・軍事の権限を掌握し、現地住民は下部組織を除き統治機構へ関与することは許されなかった。本書では「二十五万人に足りないオランダ人が七千万のインドネシア人を統治するのは、なみ大抵の苦労ではなかった」し、その統治に「賞賛する向きもあるし、極めて巧妙な愚昧政策として非難する向きもある」と報告します。

そして総督の地位は極めて高く、権限は広汎なこと、「民主主義のオランダ人であるに拘わらず、万事官僚的で、儀礼や格式を重んじる」ことを指摘します。

その事例として、両国の代表メンバーが集まる総督官邸での公式晩餐会で総督に二度会ったが、服装は「燕尾服が決まり」と言われて、急きょ指定された洋服屋に注文せざるを得なかったそうです。その際、日本側メンバーは総督又はその夫人に対して、オランダ側は小林使節に対し、一人当たり十分前後の個々面接が行われた。父は総督に面接し、「自信のない英語ながら「総督は、一通り管内各地を巡視されたか」と逆に質問した。それから日本の米とジャバのそれとの比較論などやって、最後に昭和十三年、ジャバやスマトラを旅行してうけた、快適な印象を述べて」お礼の言葉としたとあります。

(二) 交渉の相手となる蘭印側代表部の人たちの素描もあります。

一人だけ紹介すると、鉱山局長某氏は「(日本側の誰もが) この人には好評だった」として、官邸の晩餐会で隣同士に座ったときのことを書き残します。「日本に行ったことがあるか」と聞いたところ彼は、「まだ行ったことはないがあこがれをもっている。風景もよいが、それ以上に火山学研究が優れていることだ。世界に代表的な火山地帯は日本とイタリーとジャバだ。自分は部下の若い技師達を、研究のため日本へ派遣する計画をたてた。だが、戦争のために出来なくなった。戦争がすんだら、計画を実行したいと思っている」と答えたそうです。

(三) 交渉の合い間には、両代表部の交歓が行われました。

蘭印代表部では、舟遊びや空の旅などいろいろ「われわれの旅情を慰めてくれた」。交歓のゲームとしては、ゴルフ、庭球、ブリッジなど。「日本側からは、野球と麻雀とを提唱したが、これは蘭側は全然だめだからと断り、その代わり蹴球ならといって来たが、こんどはこちらがこれは断った」「また、趣きをかえて、歴史を語り文学を論じ合うような、懇話会をやろうという企てもあったが、実現しなかった」。

(四)「インドネシア地方における二人の人気男」と題する短文もあります。

当地で「人気のあった世界的人物が二人ある。英国のチャーチル首相。他の一人は米国のルーズヴェルト大統領」。

そして、ニュース映画に表れるチャーチル首相の姿を見るオランダ人は一斉に喝采を送ること、十一月六日にはルーズヴェルトの三選確実を告げる新聞号外が発行されたこと、同三十日はオランダの独立記念日でありチャーチルの誕生日でもあり、市内の各戸に蘭英両国国旗が掲げられたこと、などを記録します。

(五) オランダ人のインドネシア統治策についての感想を述べます。その統治は「少数を以って多数を制するに、最も成功したもの」と言われている、現地住民の慣習を尊重する、オランダ語の修得を決して強要しない、反対にオランダ人がマレー語を修得した、しかし同時に、被統治者とは距離をおいて接し、むやみに近づけたり、親しくしたりしない、等々。

このような記述からは、まだこの時期は交渉相手であるオランダ人と広く付き合い、敬意も払い、観察し、是々非々に学ぼうとする姿勢が見られると思います。

(二)

「思い出」にみられる穏やかな論調と打って変わって、本書の「日蘭会商の教訓」の文章ならびに帰国後の外交協会での報告(「日蘭会商経過と蘭印の対日態勢」)では、厳しい交渉を苦く振り返ります。

・昭和十五年九月十二日、バタビヤにおける小林特派使節とオランダ人総督との正式第一回会見によって、交渉の口火を切った。しかし「如何せん、(略)内外の情勢は、交渉の円滑なる進行を妨げ」、昭和十六年六月十七日、「わが芳澤使節の、今次交渉を打ち切り使節団を引き上ぐる旨の通告により、協定成立を見ずしてその幕を閉づるに至った」。

・「この十カ月にわたる紆余曲折の跡をふり返って見るに、経済交渉と銘打たれたこの会商が、如何に国際政局の飛沫を浴びたことか。双方の要望は経済的事項であったとしても、これが判断の材料ともなるべき双方の国際立場は、根本的に違っていた」。
・六月の交渉決裂後は、「インドネシア地方の対日警戒、非友好的措置は（略）一層し烈さを加えて来たが、七月下旬米国に追随して、対日資金凍結令を実施してから、正に戦争前夜を思わせるかの状態に達した」。
　このような道のりを父は「荊の道」と評します。すなわち、
(一) 日本側は石油の買い取りを最優先事項とする方針だったが、蘭印側は当初からこれに見合う経済的利益が日本から得られるかに懐疑的であった。
(二)しかも交渉開始直後に「三国同盟」が成立し、蘭印側の態度が硬化した。交渉の「打ち切り」を主張する意見も強くなった。
(「ある場合には極めて冷淡な態度をとるようになった。一般的に対日空気も悪化して、われわれとしては非常な淋しさを感じた」と父は書きます)。
(三) その中でも買油協定は仮調印にこぎつけ、為替協定も成立し、一時は若干の進展もあった。
　とくに「為替協定」については、正金銀行のバタビヤ支店長今川氏とジャワ銀行総裁の間

で話が進められ、十二月下旬には円満なる妥結をみた。（「誠に喜ばしい」と父は書きます）。

ちなみに為替協定とは、石油を初めとする両国の輸出入にあたって、英米の通貨に代えて日本円と蘭印通貨とで決済できるようにするもの。

（四）しかし、日本国内で二大障碍となる出来事が起こった。
一つは、「大東亜共栄圏」の解釈問題。国会討議の中で質問に答えて政府側が、蘭印も共栄圏の中に入り、「日本が指導権を持つと言う意味にとれる説明をした」、もう一つは、某外務省高官が「ロンドンに逃げたようなオランダ政府の言うことには日本側は一々かまってはいられない」と発言した。

この二点に蘭印政府の態度はさらに硬化した。対日世論も悪化し、侮日行為や発言も多くなった。

（五）というような経緯を経て交渉は決裂した。「われらは、日蘭国交三百四十年の歴史を顧み、ことに徳川幕府のとった厳格なる鎖国令下においてすら、支那とオランダとのみは我国の交通を許された経緯を想うとき、うたた感慨の切なるものを禁じえない」。

＊

帰国後、日本外交協会の場では、「蘭印の対日態勢」についても報告をしました。

「個人の印象・観察・意見である」と断った上で以下五点に整理します。これらは先に紹介した妻宛ての手紙や短文「日蘭会商の思い出」にも断片的に言及されました。

(一)「国防の強化」——防空壕を作り、戒厳令が徐々に強化されている。

(二)「国際政局に対する見通し」——欧州戦争において最後の勝利は英国が占めると念願し、確信もしているのではないか。

(三)「英米に対する関係」——英国に対してはっきりと盟邦であると宣言している。この点をもっとも示すものとしてチャーチル首相に対するオランダ人の期待がある。また、石油問題の交渉にあたっても、英米の指図を受けているのではないかと疑わざるを得ない。

(四)「対ドイツ」——極端に対抗的な措置をとっている。日蘭会商が進展しないのには、日本と協定を結ぶことがドイツを利するのではないかという疑念が大きい。

そして最後に、

(五)「日本に対する態度」——大東亜共栄圏については、何ら積極的に協力する熱意を持っていないと言って差し支えないと思う。

父がこの時点で、個人的な印象・観察と断りつつ、蘭印は、欧州の戦争での英国の勝利を確信しているようだ、大東亜共栄圏については極めて冷淡である、などかなりはっきりした意見、それも日本政府・軍にとって耳の痛い発言をしていることが印象に残りました。

しかし、日本はついに戦争に踏み切りました。父はどのような思いで自らの「南洋」との関わりを思い起し、在住日本人や現地の人たちのことを思いだしたことでしょうか。

因みに彼は、本書出版後、官房課長に移動し、その後同省や外務省から占領地域の統治を行う業務等を移管した大東亜省という新しい官庁が設置されたときに、そこの文書課長となりました。南洋を直接担当する事務からは外れました。

しかしその後、総力戦研究所所員も兼任しました。この辞令は今もインターネットから見ることができますが、大東亜省兼外務省の書記官川本邦雄を総力戦研究所所員として兼任させ高等官に任じるというものです。「兼任理由書」が残っており、「異民族統治並びに外地行政に豊富な経験を有するため、総合的調査研究を担当させる」とあります。

従ってその後も「南洋」との関わりをそれなりに持ち続けたのでしょうが、公に意見を発信することはありませんでした。その後の沈黙の中に、日本が戦争へと突き進む流れを見守る彼の苦い思いがあったのではないかと推測したりします。

もちろん、『南方への指標』刊行時に書かれた文章には、大東亜共栄圏を擁護し、「皇軍」

の活躍を期待する論調が見られます。例えば、「大東亜共栄圏の確立こそは、（略）わが民族発展のためにも、また大東亜諸民族永遠の幸福を招来するためにも、われらの時代に果さねばならない国是であり、崇高なる歴史的使命である」。

しかし同時に彼は、敢えて戦争前の論考を幾つも本書に収録しました。前述したようにその中には、日本の南洋開発は「あくまで平和的に、経済的手段によって」といった提言が何度も出てきます。事態は彼が望んでいたようには進まなかったのだ、と当時の父の心境を思いやったりしますが、広島での原爆死のときには私はまだ六歳に過ぎませんから、彼の心のうちを確認するすべはありません。

父には、英国米国のどちらも訪れる機会はありませんでした。ただ、当時邦訳されたばかりのマーガレット・ミッチェルの『風と共に去りぬ』を熱心に読んだそうです。普段は小説など読まない夫が自らの意思で本書を読み終えて「面白かった」と何度も語ったことに驚いた、と戦後母から聞かされました。アメリカ合衆国最大の国難といえる南北戦争を乗り越えた社会と人々の姿を描く壮大な物語から、彼は何を受け取ったことでしょうか。

（三）

この時期、日蘭会商に携わったもうひとりの日本人も思い起こします。前節で、交渉の中で為替協定が妥結にこぎつけたことを父が「誠に喜ばしい」と報告していることを紹介しました。しかし残念ながら、経済交渉自体がまとまらなかった上に戦争が始まり、本協定に基づく為替決済が実際に実施されることは殆どなかったと思われます。

蘭印の中央銀行であるジャワ銀行との交渉にあたった日本側代表は横浜正金銀行（以下「正金」）の今川義利氏でした。同氏の長女だった八木和子氏が自らの父について書いた『ある正金銀行員家族の記憶』（二〇一八年）という私家本があります。かつて東京銀行という職場で一緒だった宮本巌氏の奥様陽子夫人は、著者八木さんの姪になります。つまり陽子夫人の父は今川氏の長男で、同氏は祖父にあたります。

そんな縁もあって彼女から本書を恵贈して頂きました。「正金は、明治十三年、日本の貿易を支える金融機関として設立され、世界の三大為替銀行の一つといわれた」。そして東京銀行は戦後になって正金を引き継いで発足した銀行なのでご縁があり、氏の海外での活躍ぶりを興味深く拝読しました。幸運なことに同氏所蔵の資料、写真などが八木さんの許に残っていて、しかも父親の海外転勤にもすべてついていった鮮明な記憶が加わり、貴重な記録になっています。

今川義利氏は、明治二十六年生まれ、正金に入行し、戦争開始とともに民間人捕虜となって交換船で帰国するまでの二十四年間をほとんど海外で勤務しました。

入行後三年目にサンフランシスコ、以後、若干の国内勤務を挟んで、ロンドン、上海、大連、奉天、カルカッタ、スラバヤ、バタビヤと、海外勤務が続きました。

八木和子著『ある正金銀行員家族の記憶』

本人はともかく、「同伴される家族の方はある意味悲劇である。自分の意志で動くわけではないから、幸運なこと、楽しいことはあっても、それ以上に悲しいこと、災難、さまざまな別れなど、運命に翻弄され続けることになる」と著者は書いています。しかし、異文化に接して多様な人々の考えを知り、視野を拡げることになったのではないかという気もします。

今川氏は、中学時代から熱心に教会に通い、英語を学び、洗礼を受け、教会で一緒だった女性と結婚しました。大学では、大正デモクラシーと言われた時代に「民本主義」を唱えた吉野作造の薫陶を受けました。このような若き日の氏の姿からは、この時代の「ある雰囲気」を感じます。

本書には興味深い挿話が幾つも語られます。

例えば、昭和十四（一九三九）年六月、正金カルカッタ支店から蘭印に転勤します。その際、カルカッタ支店の現地行員一同から感謝状を贈られた。「インド勤務最後の日、勢ぞろいしたインド人の現地行員たちが（略）美しい、本体が銀製で精密な金細工がほどこされた免状入れの筒に入れた感謝状を持ってきたから皆がびっくりした」。すでに日英関係はデリケートな時期、しかもインドは英国の植民地でした。

蘭印では、スラバヤおよびバタビヤ支店の支配人を務めました。

「いよいよ戦争が近づき、昭和十六年の七月、家族引揚船北野丸で日本銀行の家族は全て日本に引き揚げることになり、行員のみが残った」。

十二月に戦争が始まると同時に「ジャワ島を脱出してマレーから内地に帰れ」という命令が来た。ところが今川氏は逃げる途中で捕まってしまい、オーストラリアの捕虜収容所に移送された。そして「ラブダイの第一捕虜収容所の村長に任命された」。

「その後敵方の民間人捕虜の交換の話を赤十字が中心にまとめ、父は他の捕虜たちと一緒に捕虜交換船で帰国できることになった」。ところが日本の軍司令部から「ジャワで下船して軍政を見てくれと言われ、結局軍政監部嘱託として」昭和十七年十月今村均中将のもとで働くことになった。

氏はインドネシアでの捕虜の扱いについて、自らのオーストラリアでの経験を生かし、国際協定を守った合法的な捕虜の扱いを今村中将に進言した。正金銀行本部から軍部への請願が受け入れられて、同氏が帰国したのは昭和十八年五月のことだった。

そして戦争が始まる前の今川氏は、日蘭会商に携わりました。

「父はバタビヤに移ってから大いに忙しく、オランダ人のさまざまな人物と会合を持ち、日蘭金融交渉にあたった。その時の父の様子はオランダ人高官と仲良く話をしている写真、会食の写真など残っている」。

本書を読んで、この時期、氏と私の父とが日蘭会商のメンバーとして一時期ともにバタビヤに居たことが分かりました。会う機会もあったでしょう。父は、十歳年長の氏が長い海外経験を踏まえて自由闊達に行動し発言する姿から、国際社会との付き合い方について教えられるところがあったかもしれません。

おわりに

（一）

「戦争」に巻き込まれた「南洋」諸地域のうち、父の現地滞在がいちばん長かったインドネシアのその後を補足して、本稿を終えたいと思います。

冒頭に、安達宏昭東北大教授の『大東亜共栄圏』の記述を引用しました。一九六五年生まれの安達氏は、同書の「あとがき」でこう書いています。

「なぜ戦争は起こるのか、その原因や実態を究明することが戦争を防ぐことにつながるのではないか――。そう考えるようになったきっかけは祖母や父母の存在である。祖母は決して語らなかったが、その人生は戦争に翻弄されたものだったと、私は成長するにつれて知るようになった」。

安達教授の祖母は父と同世代だったかもしれないと考えながら読みました。

「なぜ太平洋戦争は起きたのか」、もちろん、様々な要因が絡み合ってのことでしょうが、資源の確保がその大きな一つであったことは多くの専門家が認めています。「南洋」への軍事侵攻は資源の問題と切り離すことが出来なかった。石油資源を抱えるインドネシアは中でも重要だった。「戦争」における「南進」の最重要目標は、当時の蘭印の石油関連施設の占領と維持だったと言っても過言ではないでしょう。

そのような「戦争」を支える「大義」として構想された、「大東亜共栄圏」とはそもそも何だったのか。安達宏昭は前掲書でこう記述します。「世界の再分割をめざす独伊の動きと連動し、東アジアから東南アジアの地域を、日本が盟主になり、政治的・経済的圏域として一つに統合しようとするものだった」。「経済的な自給確保こそが本質だった」。「しかし、そうした経済広域圏をつくるには、あまりに準備が不足していた」。

その結果の「大東亜共栄圏の崩壊と日本の敗戦は、英米に経済依存しながら資本主義国家として成長する一方で、アジアで勢力圏を拡大し、自立しようとしてきた日本が抱えた矛盾が、限界に達し破綻したと理解すべきだろう。後れた資本主義の日本が歩んだ帰結だった」。

長い、悲惨な戦争を経て、日本は敗北しました。

安達書には、「戦局が悪化し、東南アジア各地域の経済状況も悪化するなか、さらに日本や日本軍への忠誠や労働力、物資提供を求められる過酷な状況下、東南アジア各地域の住民は抗日運動を起こし、あるいは武装蜂起し、日本支配の大東亜共栄圏を否定し始めていた」とあります。

その上で、敗戦により大東亜共栄圏は名実ともに崩壊し、東南アジア各地では戦後の新しい政治体制がつくられていくとして、各地域がそれぞれのやり方で独立国家の道を歩んだ様を要約します。

インドネシアについては以下の通りです。

「戦前、宗主国オランダが民族主義の動きを強く弾圧していた。スカルノをはじめとする民族主義者たちは日本が占領すると日本に積極的に協力し、一九四四年九月には日本から独立の言質を得たが、日本降伏により独立は頓挫するかに見えた。スカルノ（略）らは急進派の若者に説得され、一九四五年八月一七日朝、（略）独立を宣言する。

だが、再植民地化をめざすオランダはインドネシア支配に固執し、インドネシア独立戦争と呼ばれる戦闘が行われた。結局、独立戦争の主導権が共産党系の指導者に移る可能性を回避したいアメリカや国際世論に支持されて、一九四九年一二月、オランダは主権委譲を認め、インドネシア連邦共和国（翌年八月にインドネシア共和国になる）として独立を達成した」。

（三）

そして、「独立」から七十年以上経ったこの国の現在についてです。

二〇二二年十一月十九日号の英国の週刊誌エコノミストは、「なぜインドネシアが重要なのか」と題する論説を載せ、「見過ごされているアジアの巨人」と呼んでこの国を取り上げました。

（一）二〇二二年のG20（主要二十カ国の首脳会議）はインドネシアを議長国としてバリ島で開催された。得てして見落とされがちだが、いまもっとも重要な国である。次の二十五年で、この国の影響力は目を見張るほど大きくなる可能性がある。

（二）同国の強みの第一は「規模」。世界で最多のイスラム教徒を有し、二億七千万の人口数は世界第四位。しかも、四分の一が十五歳以下の若い国で、高齢化が進んでいる東アジアの国々との違いが顕著である。

（三）第二は「経済」。デジタル経済の伸びが大きいが、もっとも重要なのはこの国の「鉱物資源」である。

錫・ボーキサイト・銅などが豊富だが、とくにニッケルの埋蔵量は世界一である。ニッケルは電気自動車のバッテリー製造に不可欠なため将来性がきわめて高い。

しかも同国は鉱物資源を未加工のまま輸出することを禁じ、海外からの投資を呼び込んで製品として輸出する政策をとっている。そのこともあって、二〇三〇年には、「環境に優しい商品」の輸出額でオーストラリア、チリ、モンゴルに次いで世界四位になるとの予想もある。

しかも、このような経済の成長と改革とを、民主主義社会の実現へと結びつけて進めているため、国民の支持を得ている。国民の生活水準も向上し、巨大な中産階級が生まれることだろう。

(四) 最後に「地政学的な理由」である。米中両国にとって戦略的に重要な位置にあり、同国はその事実を踏まえて、長年中立的な外交政策を維持し、どちらからも等しく投資を呼び込むことに成功している。

ということで、うまく行けば有数の経済大国になり、世界の力のバランスを変えることになるかもしれない。

(五) もちろん問題も抱えている。長年の汚職体質、民主主義の未成熟、ジョコ大統領の後を引き継ぐ人材難、現在の保護主義的な資源、政策いわゆる資源ナショナリズムへの海外からの反発などが課題である。環境や日々の暮らしへの悪影響も懸念される。

最大のリスクは同国の地政学的な条件がマイナス要因にもなりうる点である。米中対立のはざまで、現在の宥和的・中立的な政策を今後も維持できるか、仮にどちらかを選ばなければならない局面になった場合に、どういう立ち位置を選択できるか。
(六)ちなみに、NHK国際ニュースは、二〇二三年一月に、「資源活用で先進国へ、インドネシアの戦略」ならびに「存在感増す〝第三極〟グローバルサウス」と題する特集を二回にわたって報道しました。ここで「グローバルサウス」とは発展途上国を指し、米欧と中露の双方から距離を取る第三極としての存在感が高まっているというのが番組での指摘です。
その中で、アメリカのゴールドマン・サックス社による「将来の世界のGDP(国内総生産予測」を紹介していました。二〇五〇年には、中国一位、米国二位にインドが続き、インドネシアが四位、現在三位の日本は六位に後退する。そして二〇七五年には、インドネシアの四位は変わらないものの、インドが米国を抜く。十位以内に「グローバルサウス」諸国(ナイジェリア、エジプト、ブラジルなど)が半分以上を占めて、日本は十位から消える、と予測しています。

もちろんこれは一民間機関の予測に過ぎず、またGDPの大きさが全てではないでしょう。

しかし、国際社会の構造が変化しつつある指標とは言えると思います。

＊

エコノミスト誌が期待するような未来が果たしてインドネシアに訪れるか、それを見届ける時間は私にはありません。

ただ、この記事を読んで、今も昔も「資源」が国際社会における一国の存在感を大きく規定していて、国家間の対立や争い、時に戦争を引き起こしている現実をあらためて考えました。

インドネシア地方を十七世紀以来自らの領土としたオランダは、父が書いたように、「何物にも代えがたい宝庫」としてこの地を支配し、搾取しました。

その後、英米からの資源輸入の道を断たれた日本は大東亜共栄圏の旗印のもとに、武力を行使しても新たな石油輸入先を確保しようとした。しかし、日本の企ては崩壊した。オランダは日本の敗北後も懲りずに「再植民地化」を目指したが、やはり敗北した。そして代わって独立を果たしたインドネシアがいま自らの領土の豊富な資源、とくに石油に代わって「環境に優しい新たな資源」を武器に活用して、世界に存在感を示そうと

英国エコノミスト誌 2022 年 11 月 19 日号

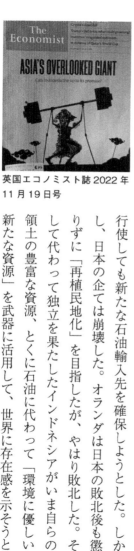

している。その際にこの国がとるべき道は、かつての植民地支配の論理を踏襲することではないでしょう。

父が、『南方への指標』に収録した昭和十四年五月の小論においてこう述べたことを思い出します。

「南洋の資源が、世界文化の向上並びに人類福祉の増進についてもつ役割はまことに大きい。これを世界人類のために開発することは、南洋に関係する国民の正に為さねばならないところである」。

このような言辞に対しては、所詮理想論・建前論にすぎないという反論があるでしょう。実際に日本がやったことは、かつてのオランダと同じく自国のための資源の収奪であり、侵略ではなかったか、本来の意図を隠すための方便だったのではないか、という厳しい意見もあるでしょう。

しかし、資源を国家間の紛争の道具にならないように、「世界人類のために開発」し活用する方策を探ることは出来ないものでしょうか。食料もエネルギーも極端に自給率の低い「持たざる国」の代表格である国に住んでいる人間だから、よけいそう考えるのかもしれませんが。

あとがき

「あとらす」という、年に二回発行される雑誌があります。一九九九年に神戸で熊谷文雄、林陽子のお二人が始め、その後西田書店の日高徳迪氏が編集発行を引き受けて、今年二十五年目に入り、七月には五十号が出る予定です。誰もが参加できて、原則として何を書いても許されるところが、長く続く理由の一つかもしれません。

私も二〇一四年の三十号に「カズオ・イシグロの『日の名残り』を読む」と題する一文を書いて以来、毎号寄稿してきました。何人もの友人に声を掛けて、参加してもらいました。このたび、比較的最近の「あとらす」に書いた文章をまとめて小冊子を作ることになりました。四本の文章は、私が愛着を持って読んだ四冊の本を紹介し、かたがた昭和の昔を思い、戦争がもたらす悲劇を思い、私事ではありますが亡き両親のことも触れました。

何れの文章も、こういう雑誌だからこそ自由に書くことが可能になったのでしょう。雑誌掲載および今回の発刊に当たっては、日高さんならびに現在の編集主任の関根則子さんにたいへんお世話になりました。

所詮自己満足に尽きるかもしれませんが、お陰様で冥途の土産が出来たかなという気持です。

雑誌掲載時にすでにお読み頂いた方もおられ、その際は心のこもった感想を頂きました。国会図書館に資料が残っているからお互いの父親について調べてみようと誘ってくれた友人もいます。本書の最後に載せた一文「「南洋」・「戦争」そして父」はその際に見つけた資料にも助けられて完成することが出来ました。

国会図書館のことは一例ですが、これらの文章を書き上げるには他にもいろいろな方に助けて頂きました。周りで見守ってくれた妻を初めとする家族や親しい皆様方に、感謝の気持とともにささやかな本書をお届けできれば嬉しいです。

最後に一点付言致します。「四冊の本」の一冊『テムズとともに　英国の二年間』（徳仁親王）についての文章は、一九九三年（平成五年）二月に学習院教養新書から発刊された初版本をもとに書かれ、二〇二三年一月二五日に発行された「あとらす」に掲載されました。この本はその後同年四月二三日に紀伊国屋書店から復刊されました。しかし私の文章は、編集者とも相談のうえ、ここではもとのまま収録することにしました。

二〇二四年三月

川本卓史

初出一覧

『銀のボンボニエール』――「昭和」への追憶（「あとらす」45号、二〇二二年七月）

『皇太子の窓』から見る風景（「あとらす」46号、二〇二二年七月）

徳仁親王『テムズとともに――英国の二年間』（「あとらす」47号、二〇二三年七月）

「南洋」・「戦争」そして父（「あとらす」48号、二〇二三年一月）

川本卓史（かわもとたかし）

1939年生れ、東大法学部卒、同志社大修士。旧東京銀行および京都文教大学勤務。著書に『なぜアメリカの大学は一流なのか』（丸善出版、2001年）『折々の人間学―京都で考えたこと』（西田書店、2009年、紫式部市民文化賞）など。

あとらす select 001

私の愛した四冊の本

――「昭和」の思い出のために

2024年7月7日初版第1刷発行

著者 -------- 川本卓史

発行者 ---- 柴田光陽

装丁 ------ 臼井新太郎

装画 ------ 愛川空

発行所　株式会社西田書店

東京都千代田区神田神保町2-10-31 IWビル4F

Tel 03-3261-4509　Fax 03-3262-4643　〒101-0051

https://nishida-shoten.co.jp

印刷・製本 ------- 株式会社エス・アイ・ピー

ISBN978-4-88866-687-9　C0093